做一个幽默的老师

让学生在欢笑中成长

陈锡 著

中国人民大学出版社
·北京·

目录

自　序　用幽默感为自己的"颜值"加分 /1

| 第一辑 | 学生习惯培养

1. 教室地板的申诉书
　　——怎样让学生不乱扔垃圾 /3

2. 手机，想说爱你不容易
　　——怎样管理学生的手机 /5

3. 锡哥的检讨书
　　——怎样让学生晚修时认真学习 /8

4. 垃圾食品"群英会"
　　——怎样让学生远离垃圾食品 /11

5. 魔术表演"隔空取物"
　　——怎样让学生妥善保管财物 /14

6. 断章取义的后果
　　——怎样让学生学会倾听 /16

7. 垃圾桶翻身记
　　——怎样让学生精准地把垃圾扔进垃圾桶 /18

8. 锡哥的经验介绍会
　　——怎样提醒学生上学早点儿出发 /20

9. 梦中的承诺
　　——怎样让学生认真做眼保健操 /23

10. 班主任的抗议书
　　——怎样让学生不在教室里吃早餐 /25

11. 毒苹果
　　——怎样让学生养成认真值日的好习惯 /27

12. 绝世高手
　　——怎样让学生自觉遵守午休纪律 /29

13. 一个篮球的独白
　　——怎样让学生遵守课间纪律 /31

14. 一心不可二用
　　——怎样让学生专心学习 /34

15. 人体无用副组织群体切除术
　　——怎样让学生按时理发 /37

16. 心有灵犀一点通
　　——怎样让学生独立完成作业 /39

17. 告别迷糊，重获清醒
　　——怎样让学生做事有条理 /41

18. 一根香烟的自我推销
　　——怎样打消学生抽烟的念头 /44

19. 三个英文单词
　　——怎样让学生用语文明 /47

20. 顺风耳
　　——怎样让学生按时作息 /49

21. 特殊的失物招领启事
　　——怎样提醒学生遵守宿舍管理条例 /52

22. 锡哥的特异功能
　　——怎样让学生上课不随便说话 /55

23. 班主任的投诉信
　　——怎样提醒学生不抄袭作业 /57

24. 拒绝外号
　　——怎样提醒学生尊重他人，不乱取外号 /60

25. "借师除魔"
　　——怎样让学生自觉遵守晚修纪律 /63

26. 神奇的小闹钟
　　——怎样让学生按时上学 /65

27. 消毒酒精
　　——怎样让学生学会劳逸结合 /68

28. 三分钟测试
　　——怎样让学生养成先浏览试卷再答题的好习惯 /71

| 第二辑 | **学生励志教育**

1. 大学生是什么
　　——怎样激励学生勤奋学习 /79

2. 跳起来
　　——怎样激励学生认真做课间操 /82

3. 我们班的"首长"
　　——怎样为学生树立榜样 /85

4. 小游戏，大作用
　　——怎样让学生明白办法总比困难多 /87

5. 仙人掌守护神
　　——怎样激发学生的奉献精神 /91

6. 续写《龟兔赛跑》
    ——怎样引导学生克服自卑心理，努力拼搏 /93

7. 锡哥的普通话
    ——怎样激励学生大胆读英语 /97

8. 打乒乓球的启示
    ——怎样引导学生制定具体的学习目标 /100

9. 老鼠和猫
    ——怎样激发学生大声读书的热情 /103

10. 一道计算题
    ——怎样让学生珍惜晚修的学习时间 /106

11. 加油与给力
    ——怎样激励学生在校运会上奋力拼搏 /109

12. 玩火比赛
    ——怎样引导学生多看有价值的书 /111

13. 教室铭
    ——怎样让学生爱上早读 /114

14. 奔跑吧，兄弟姐妹们
    ——怎样激励学生挑战自我 /118

15. 高中之歌
    ——怎样激励学生为考上理想的大学而奋斗 /120

16. "瓷开得胜"
    ——怎样进行考前动员 /123

17. 一年后，又是一条好汉
    ——怎样鼓励学生乐观面对统考 /126

18. 找到那只激励自己的"棕熊"
    ——怎样让学生相信自己的潜能 /128

| 第三辑 |　**课堂困境化解**

1. 喜欢上音乐课的学生
　　——怎样化解没有学生主动帮忙的尴尬 / 133

2. 激动的鸭子
　　——怎样提醒学生改正错误的行为 / 135

3. 脸部运动
　　——怎样让课堂快速安静下来 / 137

4. 强哥光临
　　——怎样化解课堂上突如其来的尴尬 / 139

5. 老师的"名言"
　　——怎样应对学生的调侃 / 141

6. 世纪难题
　　——怎样破解"假期后遗症" / 143

7. 同是天涯漏网鱼
　　——怎样处理学生违纪的问题 / 145

8. 有毒的计算公式
　　——怎样提问犯困的学生 / 147

9. 在自修课上吃橘子的学生
　　——怎样应对学生在课堂上偷吃东西 / 149

10. 消灭拦路虎
　　——怎样巧妙提醒值日生准时擦黑板 / 151

11. 穿短裤的班主任
　　——怎样应对学生的议论 / 153

12. 110 和 120
　　——怎样巧妙解决学生在课堂上打瞌睡的问题 / 155

13. 歌声的呼唤
　　——怎样让学生精神焕发 /157

14. 过敏
　　——怎样化解老师打喷嚏的尴尬 /159

15. 流星雨
　　——怎样处理学生插嘴的问题 /161

16. 从女神节到"李嘉节"
　　——怎样活跃课堂气氛 /163

17. 1200 年的等待
　　——怎样改变学生精神涣散的状态 /165

18. 流浪锡哥
　　——怎样化解去教室走过了头的尴尬 /167

19. 你要永远相信光
　　——怎样加深学生对知识点的理解 /169

20. 举手
　　——怎样化解没有学生回答问题的尴尬 /171

21. 乙烯的"哥哥"
　　——怎样缓解学生的春困 /173

22. 突然掉下来的柜门
　　——怎样应对课堂上发生的意外 /174

23. 大海，我们的故乡
　　——怎样化解学生上课精神不振的困局 /176

24. 谢谢你的爱
　　——学生调侃老师，大声说"我爱您"，如何应对 /178

25. 魔镜
　　——学生不停地照镜子，如何应对 /180

26. "鼓励"学生一心二用
　　——学生在课堂上偷偷做其他学科的作业，如何应对 /182

27. 明星
　　——学生模仿老师的声音，如何应对 /184

28. 悄悄话
　　——学生回答问题声音太小，如何应对 /186

附　录　书中使用的幽默工具 /189

自 序

用幽默感为自己的"颜值"加分

为了解学生究竟喜欢什么样的老师，有人曾经做过调查，请学生列出 5 条最喜欢的老师的素质，并说明其中最重要的是什么。结果发现，学生都很看重老师是否有幽默感。在个性化时代，如果老师想要进一步提升自己的专业形象，为自己的"颜值"加分，完全可以通过不断提升个人的幽默感来实现。

一、深刻领会幽默的机理

我们要深刻领会幽默的四个机理，并根据具体情况灵活运用。

1. 意外感

德国哲学家康德说："在一切大笑里，肯定有荒谬而悖理的东西。"如果老师话语中的逻辑和学生的认知逻辑相悖，学生就会发现其中的错乱和矛盾，从而产生意外感，然后以笑表达出来。

有一段时间，由于天气变冷，小军经常迟到。我从家长那里了解到，由于贪睡，闹钟响起后小军总是起不来。

那天，小军又迟到了几分钟。课间我找到小军，把一个小闹钟递给他。

"这是我专门为你定制的一个小闹钟。"我看着满脸疑惑的小军说道，"你最近几天都迟到了，我问过你的家长，发现原来是你的那个闹钟不给力，导致你总是无法按时起床。这可是一个神奇的闹钟哟。"

小军接过闹钟，仔细端详起来，觉得这分明就是一个很普通的小闹钟，怎么会是神奇的闹钟呢？

"为何说它神奇呢？因为它懂人性，是专门用来治疗'起床困难综合征'的。铃声响后，如果看到你没起来，它就会拉拉你的手；如果你还不起来，它就会拉拉你的脚；如果你再不起来，它就会打电话告诉我，你身体不舒服，需要请假休息。"我微笑着解释。

听了我如此离谱的解释，小军一下子就明白了是怎么回事，有点儿不好意思地笑了起来。

"老师，非常感谢您对我的关心，您的好意我心领了，这个闹钟我就不需要了。"小军边说边把闹钟递给我。

"这样吧，你先把这个神奇的闹钟拿回家用上几天，待它治愈了你的'起床困难综合征'后，你再还给我，好吗？"

"好的，谢谢老师。"小军揣着小闹钟笑着跑回教室。

果然，接下来的几天小军都没有迟到。神奇的闹钟归还后，他也基本没有再迟到过。

案例中，我递给学生一个小闹钟，把它拟人化，夸张地赋予它非一般的功能，让它来治疗学生的"起床困难综合征"，学生因为产生意外感而发笑。这种幽默的处理方式不仅淡化了对学生的批评，还保护了学生的自尊心，让学生积极主动地改掉了坏习惯，达到了非常好的教育效果。

2. 优越感

英国哲学家托马斯·霍布斯说："笑，是发现事物的弱点，联想到自己的某种优越感时那种突然产生的荣耀感。"老师只要对那些自己能接受的小缺点或小糗事进行适当加工，就可以找到很好的幽默素材。

那天，我在板书，由于板书内容太多，粉笔字写得过大，写着写着，黑板居然写不下了。无奈之下，我只得往黑板的上方找位置。由于身高不够，我只好踮起脚尖伸直手往上写。突然我重心不稳，整个人差点儿向后仰倒。学生看到了我的窘态，都情不自禁小声笑了起来。

"哦，让大家见笑了，我的脚尖暴露了我人生的短板哪！看来，以后我还得多锻炼、多补充营养才行！"我自我调侃道。

学生大笑，尴尬被化解了，课堂继续。

案例中，我通过自嘲的方式让学生看到了我的尴尬（身高不够），他们在对比下不自觉地产生优越感，进而发笑。这巧妙地化解了尴尬。从本质上讲，自嘲就是在他人面前大方地吐槽自己。听到老师的自嘲后，学生在发笑的同时，会觉得老师是一个坦诚且和蔼可亲的人，从而拉近师生之间的心理距离，让师生关系变得更加和谐。

3. 宣泄感

英国哲学家斯宾塞说："笑是对压抑神经的释放。"如果老师的话能让学生压抑的情绪得到释放，学生就会开心大笑。

例如，当学生感到学习非常紧张，情绪异常压抑时，我曾经试过这样引导他们："你们这段时间学得太辛苦了！我看到部分同学已经开始'凿壁偷光'了，我很佩服，同时非常担心：你们是否安全？你们凿壁的工具是否齐全？你们偷光后是否会被抓起来？被抓起来后偷的光又该怎样还回去？"这段幽默的话引发学生哄堂大笑。为什么？因为其夸张的表达对学生有很好的减压作用。学生压抑的情绪得到宣泄后，老师继续引导，他们就听得进去，从而科学合理地安排自己的学习生活。

4. 熟悉感

熟悉感也是产生幽默效果的一种机理，它容易引起共鸣，引人发笑。当老师将教育和学生熟悉的事物联系起来时，学生往往会报以一笑，心悦诚服。

在连续两天的作业检查中，我发现平时学习基础比较差的小聪同学的作业不但全对，而且和参考答案几乎一模一样，有抄袭之嫌。后经暗中调查，我发现实际情况与我的判断一致。

第三天上午，我发现小聪的作业情况仍旧如此。于是，我招呼小聪来办公室找我。

我问小聪："你试过网上购物吗？"小聪回答："试过。"我又问："如果收到山寨货物，你会怎样处理？"小聪迅速答道："投诉，申请换货。"我及时肯定："对，就应该这样。"

接着，我趁势引导："今天，我极有可能收到了一本山寨作业，麻烦你来帮我复查一下是否属实。"我一边说一边将作业本递给小聪。

看到自己的作业本，小聪马上明白了是怎么回事。他不好意思地笑了笑，然后迅速接过作业本。

我继续说道："如果查出它是山寨作业，那就麻烦你帮我处理好换货事宜，好吗？"

"好的，我现在就回去处理。"小聪不好意思地笑着回答，然后拿着作业本跑回教室。

下午，小聪到办公室找我。"老师，经我鉴定，那的确是山寨作业，我为您换好货啦！"小聪一边说一边把作业本递给了我。

此后，小聪的作业每次都错了不少，但他都能坚持独立完成。

案例中，我把抄袭作业和学生熟悉的网购买到山寨货物巧妙地关联起来，以幽默风趣的方式引导学生，让学生对老师的教育心悦诚服。

二、努力提升幽默的层次

幽默分为以下三个层次。

1. 好笑

说起幽默，一般人首先想到的就是好笑，甚至会把幽默和好笑等同起来。其实，好笑只是幽默的第一层次，也是最低的层次。当然，仅仅让学生觉得好笑的幽默也是有一定价值的。例如，在学生学习很累的时候，老师为学生说一个笑话，让学生乐一乐，不但可以让学生振奋精神、放松身心，还会让师生关系变得更加和谐。

2. 舒服

比好笑层次更高的幽默，是能让人感到温暖、舒服的幽默。例如，当学生遭遇尴尬时，老师若能幽默化解，就会让学生感到暖心，并对老师心生敬意。幽默的处理方式能提升老师的人格魅力。

3. 影响

层次最高的幽默是能对人产生积极影响的幽默。认知心理学认为，一个人的情感、认知及行为，是互相联系、互相影响的。幽默施教会引学生发笑，让学生感受到老师的良苦用心、理解及宽容，从而更愿意接受老师所传递的观点，最终对学生的认知产生积极的影响。学生的认知改变了，其行为模式也会逐渐改变。所以，老师可以幽默施教，用自己的理念、思想及价值观潜移默化地影响学生，让学生得到更好的教育。

本书第一辑和第二辑分享的是班级日常管理片段，是以微班会的形式呈现的，内容包括背景、目标、准备、过程、后记和幽默工具。第三辑分享的是课堂上处理突发"事件"的片段，都是临场发挥的，所以呈现的内容只有背景、过程和幽默工具。希望老师们能通过阅读这本书，进一步提升自己的幽默感，用幽默感为自己的"颜值"加分，让班级管理既有趣又高效，从而成为愉快幸福的教育者。

第一辑 学生习惯培养

 **教室地板的申诉书**
——怎样让学生不乱扔垃圾

◈ **背景**

开学第一天,我告诉学生,干净舒适的教室环境既可以让我们心情舒畅,有利于我们的身心健康,又可以提升我们的学习效率。我动员学生一起为打造干净舒适的教室环境而努力,学生表示支持,但是知易行难。在接下来的日子里,我每天都会到教室里看一看,总会发现一些问题,比如地面上总出现碎纸片、纸巾等垃圾。虽然我多次强调过,但是情况并没有得到改善。

◈ **目标**

让学生养成不乱扔垃圾的好习惯。

◈ **准备**

将《教室地板的申诉书》打印好。

◈ **过程**

我来到教室里,首先用课件呈现《教室地板的申诉书》,然后面向全班学生大声而富有感情地念了起来。

· **教室地板的申诉书** ·

我是谁?我就是一直躺在大家脚下的地板爷爷,你们每天都踏在我身上听课学习,我一点儿都不累,我非常乐意为大家效劳。但是,每天总有一些同学把垃圾扔到我身上,我非常难受,因为我有洁癖呀!只要有一小片碎纸掉在我身上,我就会痛苦万分。有时,班主任会拿起扫把为我排忧解难。但班主任没有出现的时候,我则要默默忍受那痛苦的煎熬。今天,我要郑重地向大家申诉:请看在我一直为大家服务的分上,可怜可怜我这个小老头,以后不要再往我身上丢垃圾了,好吗?

听我读完,一些学生忍不住小声地笑了起来,更多学生则陷入了沉思。

"同学们,我们能否保证从此以后不再乱扔垃圾,不再伤害我们的地板爷爷呢?"我看着学生意味深长地问道。

"能!"学生齐声响亮地回答。

后记

在接下来的班会课上,经过热烈的讨论,我们在班规中增加了一条"保护地板爷爷"的规定:乱扔垃圾者不但会被扣德育分,还必须写一份"悔过书"交给地板爷爷。之后,班上的卫生情况有了较大的改善,学生更在意自己的座位周围是否干净整洁了。

幽默工具

本案例中,老师运用了拟人化的幽默工具。

老师不按常理出牌,把教室地板拟人化,通过呈现一份申诉书,以新颖、幽默的方式教育学生,让学生既知道老师对此问题高度重视,又进行深刻反省,并努力改正不良习惯。

2. 手机，想说爱你不容易
——怎样管理学生的手机

◇ **背景**

学校规定，如果学生带手机到学校，必须交给班主任保管，周末回家时再领回去。但是，经过暗中调查我了解到，班上有个别学生拿了两部手机到学校，只上交了一部，将另一部偷偷藏起来，然后寻找机会玩游戏。这会造成极坏的影响。如果放任不管，必然会导致其他学生效仿，后果将一发不可收拾。

◇ **目标**

让学生认清沉迷于手机游戏的危害，引导学生严格遵守校纪、班规，做手机的主人。

◇ **准备**

提前写好发言稿，打印好《个人手机管理承诺书》。

◇ **过程**

"同学们，经过调查，我发现我们班上的某些同学真的是绝顶聪明！"班会课上，我看着学生突然说道。

绝顶聪明？学生都睁大眼睛疑惑地看着我。

"这些同学每周都带两部手机到学校，但是只上交一部，留下一部自己藏着，然后就可以偷偷玩手机游戏啦。这些同学难道不是绝顶聪明吗？"

哦，原来是这样！学生哈哈大笑，个别学生则显得不好意思，低下了头。

"其实，这些同学这样做'好处'多多呢，且听我一一道来。"

这样做居然好处多多？学生都惊讶地看着我，刹那间，教室里安静了下来。

"'好处'一，这些同学每次偷偷玩手机游戏，为了不被发现，要努力做到眼观六路，耳听八方，保持高度警惕，慢慢地，就会把自己培养成潜伏高手。'好处'二，这些同学经常看手机屏幕，眼睛本来不近视的会变成近视，本来轻度近视的会变成高度近视，如此一来，近视眼镜的销量就会增长。'好处'三，这些同学沉迷于手机游戏，无心向学，学习成绩严重下滑，很可能无法考上理想的大学，只能到一些高职院校报到，从而拯救那些因为生源不足而濒临倒闭的高职院校。"

我一口气说了三条"好处"，学生已经笑得前仰后合。

然后，我话锋一转，缓缓地问道："同学们，你们真的希望成为潜伏高手吗？"

"不希望！"

"同学们，你们希望成为高度近视的人吗？"

"不希望！"

"你们希望成为那些因为生源不足而濒临倒闭的高职院校的拯救者吗？"

"不希望！"

"非常好，既然大家都不希望成为以上三类人，那么，今天我们就一起来签一份承诺书，好吗？"我边说边用课件呈现承诺书，然后把事先打印好的承诺书逐一分发下去。

个人手机管理承诺书

手机呀手机，想说爱你不容易。为了不成为你的奴隶，为了翻身做你的主人，我一定要打倒你，而不是被你牵着鼻子走。今天当着锡哥及全班同学的面我承诺：从今以后，我若带手机到学校，就只带一个且上交锡哥保管。若违反规定，本人愿意主动交出手机，让锡哥代为保管一个学期。本人说到做到，决不反悔。

承诺人：
×年×月×日

"好！"学生看着那份特别的承诺书齐声回应。

◇ 后记

在这次引导后，我重点关注班上的"嫌疑人员"，通过家校沟通进一步摸清学生的情况，并耐心地教育他们。之后，学生的手机管理问题得到了很大改善，很少有学生再偷藏手机了。

幽默工具

本案例中，老师运用了反话正说的幽默工具。

老师采取了反其道而行之的处理方法，反话正说，"赞扬"违纪的学生"绝顶聪明"，阐述沉迷于手机游戏的三大"好处"，让学生在感到荒诞的同时，深刻地感受到了老师的良苦用心，进而更愿意接受老师的引导，努力纠正自己的错误行为。

3. 锡哥的检讨书
——怎样让学生晚修时认真学习

◎ **背景**

一天,晚修值日老师向我反映:一部分学生晚修时喜欢交头接耳,自由散漫。

◎ **目标**

让学生重视晚修的纪律问题,养成认真学习的好习惯,提高晚修的学习效率。

◎ **准备**

提前写好《锡哥的检讨书》并打印出来。

◎ **过程**

"同学们,今天我要在大家面前公开做检讨。"来到教室里,我用略显严肃的语气缓缓说道。

班主任居然要公开做检讨?学生满脸疑惑地看着我,不知道我的葫芦里装的是什么药。

"昨天晚上,我收到我们班晚修值日老师的反馈:我们班的纪律很不理想,很多同学不认真做作业,喜欢交头接耳。作为你们的班主任,我负有不可推卸的责任。为此,我决定在全班同学面前公开做检讨。"我边说边把事先打印好的检讨书呈现出来,然后大声地念起来。

锡哥的检讨书

　　同学们，当我收到值日老师的反馈时，我深感不安和愧疚。作为你们的班主任，我应该保证晚修的纪律，为大家打造良好的学习环境。但是，昨天晚修的情况证明了我的失败，所以，我必须进行自我检讨。昨晚我因为焦虑而辗转反侧。第一，我为大家的高考而焦虑。如果晚修的学习效率低，那么大家的高考成绩可能会不理想。部分同学也许会因为高考落榜而在家里痛哭几天。虽然他们的脸因为泪水浸泡的奇效而变得越来越白，但是他们的眼睛也许会哭瞎了，心也破碎了。锡哥我只有一双高度近视的眼睛和一颗炽热的心，到时班上有那么多双哭瞎的眼睛和那么多颗破碎的心，锡哥我可怎么赔得起呀！一想到这些，我怎么能不自责、不焦虑呢？第二，我为大家以后的就业而焦虑。一些同学晚修时不遵守纪律，慢慢就会养成自由散漫的习惯，他们参加工作后大概率会保留这样的陋习。因此，他们在工作中会因为自由散漫而处处碰壁，最终会碰得头破血流，进而需要输血。锡哥我就算有再多的热血，也不够用啊！一想到这些，我又怎么能不自责、不焦虑呢？

　　我刚读完如此奇葩的检讨书，学生已经笑倒了一片。

　　"同学们，大家希望让锡哥感到焦虑的事情发生吗？"待学生安静下来后，我严肃地、缓缓地问道。

　　"不希望！"学生齐声回答。

　　"那么，接下来我们应该怎样做呢？"我趁势追问。

　　"以后晚修时保持绝对安静。"学生回答。

　　"俗话说，口说无凭，立字为证。劳烦大家写一份保证书交上来。同时，请大家分别写几条关于改进晚修纪律管理的建议，收集起来后我们再集中讨论一下，好吗？"

　　"好！"学生齐声响亮地回答。

◇ **后记**

后来，全体学生都上交了保证书。经过大家集中讨论，我们进一步完善了班规中关于晚修纪律的条款。

幽默工具

本案例中，老师运用了因果联想及夸张的幽默工具。

因果联想是指由事物之间的因果关系而形成的联想。老师可以根据学生的具体行为推理出具有幽默感的结果。学生晚修时说话违纪，大多数老师的做法是让相关学生写检讨。案例中，老师却自己做检讨。老师在自我检讨中，采用因果联想的方式，把由学生不良习惯导致的不良后果夸张地表达出来，让学生在发笑的同时感受到老师对他们的深切关怀，从而更乐意接受老师的教育引导。

 **垃圾食品"群英会"**
—— 怎样让学生远离垃圾食品

◈ **背景**

有段时间，我发现个别学生喜欢偷偷带一些垃圾食品到教室里吃。这既违反了校规，又有损学生的身体健康。

◈ **目标**

幽默地指出垃圾食品的危害，同时提醒学生遵守校规，养成健康的饮食习惯，不带垃圾食品进教室。

◈ **准备**

提前找三个学生秘密进行角色排练。

◈ **过程**

"同学们，这几天早上我走进教室的时候，都闻到了一股扑鼻的香味。我就觉得奇怪，这香味究竟是从哪里来的呢？经过一番观察，我惊奇地发现，原来这几天教室里竟然出现了几位食品'大佬'。它们的出现，让我们的教室变得香气氤氲。大家想知道它们是谁吗？"班会课上，我故弄玄虚地问道。

"想！"部分学生已经察觉到了老师话里的玄机，纷纷笑着回答。

"好的，现在就让我们以热烈的掌声欢迎它们出场吧。"我一边鼓掌一边庄重地宣布。

"大家好，我是人见人爱的薯片。"小明举着一包薯片走上讲台。

"我就是营养丰富的马铃薯经过油炸再配上各种调料得到的薯片，吃起来绝对松脆可口、香味浓郁。我有标准的'三高'：高脂肪、高盐分、高热量。如果多吃，你就可以修炼成这样的'高人'：血压高、血脂高、体重高。你们想成为这样的'高人'吗？如果想的话，记得要多吃哟。"

"大家好，我是你们吃一口就会上瘾的油炸方便面。"在大家期待的目光中，小峰举着一包油炸方便面隆重登场了。

"我既可以直接吃，又可以用开水泡着吃，配上调料包里的调味粉和调味油，吃起来绝对香喷喷、爽歪歪。我可以为大家补充大量的脂肪和盐分，绝对是让大家快速长膘、提升血压的'良方'。"

"大家好，我就是闻名江湖的'零食界第一辣妹子'——香喷喷的辣条。"在大家热烈的掌声中，小芳举着一包辣条出场了。

"我又辣又香，浓郁的味道可以让人神魂颠倒，喜欢重口味的朋友都爱吃我。我的味道为何如此独特呢？因为我身上装备了很多秘密武器，它们是调味剂、增味剂、防腐剂、合成香精、人工色素等多种添加剂。如果你想出现过敏反应，请记得一定要多吃，这些添加剂绝对可以助你一臂之力。如果你渴望营养不良，也请记得多吃，因为我天生就非常缺乏维生素、矿物质、膳食纤维等人体必需的重要营养物质。如果你吃了很多薯片和油炸方便面还没有成为'高人'，请记得来找我，因为我也有让人闻风丧胆的'三高'：高脂肪、高盐分、高热量。"

"同学们，刚才大家都领略了薯片、油炸方便面及辣条的风采，你们喜欢它们吗？"

"不喜欢！"有些学生笑着回答。

"为何不喜欢呢？"我看着大家顺势问道。

"我们不想得高血压，不想变肥胖。"

"我们不想营养不良。"

"我们想要健康。"

学生纷纷笑着回答。

"那么,大家以后还欢迎它们吗?"

"不欢迎!"有的学生笑着大声回答。

"对,我们教室不欢迎它们的到来。第一,学校有规定,不允许带这些食品进教室。第二,这些都是垃圾食品,吃多了会对人体有危害。所以,我们一定要养成健康的饮食习惯,尽量少吃或不吃垃圾食品,多食用新鲜、天然、营养丰富的食物,限制高盐、高糖和高脂肪食物的摄入。"我意味深长地总结道。

学生纷纷点头。

◇后记

在接下来的班会课上,经过讨论表决,我们进一步完善了班规:不能带垃圾食品进教室,每天由班干部或老师检查,违规者一律没收垃圾食品。之后我们严格执行班规,教室里很少出现垃圾食品了。

幽默工具

本案例中,老师运用了拟人化的幽默工具。

老师另辟蹊径,采取角色扮演的方式,把垃圾食品拟人化,通过垃圾食品的自我描述,让学生了解垃圾食品的危害,同时领会老师的良苦用心。这种做法拉近了师生之间的距离,取得了不错的教育效果。

 **魔术表演"隔空取物"**
——怎样让学生妥善保管财物

◎ **背景**

有段时间,班上经常有学生因为粗心大意而弄丢饭卡。学生弄丢饭卡后,如果饭卡被别人捡到且上交学校则可以领回来,否则就只能花钱再办一张新卡。一天早上我回到办公室,看到办公桌上躺着一张饭卡,这是学校失物招领处的老师送过来的。我拿起来一看,居然是班长小琪的。以前遇到这样的事情,我都会私下把饭卡还给学生,然后提醒学生以后一定要注意妥善保管。但是这样的处理方式,并没有引起学生的足够重视。于是,这次我决定改变处理方式,希望给全班学生留下深刻的印象。

◎ **目标**

让学生重视对财物的管理,并养成妥善保管财物的好习惯。

◎ **准备**

提前打好腹稿。

◎ **过程**

"同学们,今天我为大家表演一个魔术,好吗?"我站在讲台上,突然大声提议道。

"好!"学生齐声欢呼,然后都瞪大眼睛,用期待的目光看着我。

"请我们的班长小琪站起来。"

小琪开心地站了起来,其他学生马上把目光聚焦到他身上。

"小琪,现在你身上是否带着钱包?"

"带着呢。"小琪不假思索地回答,然后不自觉地摸了摸口袋。

"请问,你的钱包里面有什么?"

"有现金、公交卡、饭卡。"小琪继续回答。

"好,现在我要为大家表演的魔术就是隔空取走你钱包里面的饭卡。"我一边说一边装模作样地伸出右手,指向小琪,然后夸张地做出了一个隔空取物的动作。接着,我用右手握住事先已经拿着饭卡的左手,以迅雷不及掩耳之势将饭卡转移到右手上,再缓缓地张开右手,露出小琪的那张饭卡。

学生一阵惊呼,瞬间明白了是怎么回事,纷纷大笑起来。

小琪连忙掏出自己的钱包查看,马上明白了事情的原委,然后不好意思地笑着走上讲台领回了自己的饭卡。

"同学们,请大家以后一定要妥善保管自己的饭卡哟。虽然我很想成为一名出色的魔术师,但是我真的不想再表演这个隔空取饭卡的魔术了。这个魔术太低级了,我希望下次能为大家表演一个高级且与你们无关的魔术,你们能满足我这个愿望吗?"我看着学生郑重地说道。

"能!"学生齐声笑着回答。

◎ 后记

魔术表演之后,我还特意和学生讨论了要想妥善保管财物,具体可以怎样做。学生畅所欲言,互相分享自己的实践经验和心得体会。

> **幽默工具**
>
> 本案例中,老师运用了借力打力的幽默工具。
>
> 在拿到学生丢失的饭卡后,老师没有按照惯常处理方式直接拿给学生,然后苦口婆心地教育一番,而是借助该饭卡在学生面前表演了一个让他们印象深刻的魔术,达到了较好的教育效果。

 **断章取义的后果**
——怎样让学生学会倾听

◈ **背景**

前段时间,学生小文向我求助:一些同学总是没有听完他的话就开始说他,这让他颇为烦恼。

◈ **目标**

提醒学生不要断章取义,要养成先听完别人的话再判断的习惯,学会倾听。

◈ **准备**

提前打好腹稿,和小文打好招呼,让他做好发言的准备。

◈ **过程**

班会课上,我首先讲了一个笑话。

做了很久作业后,小花顺手打开收音机,一个温柔的声音传出:"如果肤色粉红,脸上的绒毛柔软,那就说明很健康……"听到这里,小花忍不住摸了摸自己的脸,对镜顾盼,再笑一笑,样子可爱至极。这时,播音员又说道:"好,听众朋友,这次我们的养猪知识讲座就到这里!"

笑话分享完毕,学生哄堂大笑。

"同学们,从这个笑话中,我们得到了什么启发呢?"待学生平静下来后,我缓缓地问道。

"听完别人的话后我们才可以下结论,否则可能会误解他人的意思。"学生小方笑着回答。

"和别人交流时,只有得到完整的信息,才可能对别人的话做出正确的评价;如果断章取义,就容易引起一些不必要的误会。"学生小洪的总结非常到位。

"是啊,刚才两位同学的总结都非常有道理。我们班上的同学是否发生过像刚才的笑话故事一样的事情呢?"我看着大家微笑着问道。

"老师,现在请允许我说说我的困扰,好吗?"这时,小文按照预定计划站起来说道。

"好的,欢迎你畅所欲言。"我鼓励小文。

"我的个性比较直,有时会评价周围的一些同学,但是总有一些同学还没有听完我的话就开始说我,以为我对他们有意见。如果能听我把话说完,他们就会明白,我对他们根本就没有成见。大家以后能先听我把话说完吗?"小文终于有机会在大家面前大胆地说出自己的心声。

"大家能接受小文同学的这个请求吗?"我微笑着问道。

"能!"学生笑着回答。

◇ 后记

接下来,我利用课余时间,单独和小文交流了几次,专门和他探讨了如何改善个性、如何委婉评价他人等问题。之后,小文和班上同学的关系变得越来越融洽了。

幽默工具

本案例中,老师运用了活用笑话故事的幽默工具。

为了解决部分同学没有耐心听完别人的话就轻率地下结论的问题,老师巧妙地利用一个笑话故事,让学生在愉快的气氛中积极地反省自身存在的类似问题。然后老师伺机引导,让学生学会倾听,教育效果水到渠成。

7. 垃圾桶翻身记
——怎样让学生精准地把垃圾扔进垃圾桶

◆ **背景**

近来,我发现教室后面的垃圾桶旁边总是"躺"着很多垃圾。原来不少学生在扔垃圾的时候过于随意,总是喜欢随手一扔,至于垃圾是否扔到了垃圾桶里,他们并不在意。

◆ **目标**

提醒学生不要乱丢垃圾,要养成精准地把垃圾丢到垃圾桶里的好习惯。

◆ **准备**

提前在垃圾桶上贴好"垃圾,垃圾,我爱吃"的标语。

◆ **过程**

"同学们,昨晚我做了一个梦,大家猜猜锡哥究竟梦到了什么?"我看着学生故弄玄虚地问道。

"谁呀?"学生睁大眼睛,好奇地看着我。

"它就是我们教室后面的垃圾桶啊。"我笑眯眯地说。

"垃圾桶?"听我这样说,学生有点儿蒙。

"对,就是它。在梦里,它向我哭诉:'主人啊,求求您快救救我吧,我已经饿得快不行了!'"我的语气突然变得沉重起来。

垃圾桶居然饿得快不行了？学生疑惑地看着我，一头雾水。

"主人啊，这段时间您的学生扔垃圾总是扔不准，垃圾总是扔到我的身边，就是扔不进我的肚子里，导致我的肚子里总是空空如也。您看，现在我真的太惨了，我已经饿得面黄肌瘦了。如果您再不提醒您的学生以后好好扔垃圾，我可就命不久矣。"我继续绘声绘色地述说。

哦，原来是这样！学生马上哈哈大笑起来。笑声过后，学生随即陷入沉思。

"同学们，为了拯救那可怜的垃圾桶，大家以后愿意好好地、认真地扔垃圾吗？"我顺势引导。

"愿意！"学生齐声回答。

"好的，既然大家愿意帮助我们的垃圾桶，那今天就是它的翻身之日。现在，请大家以热烈的掌声欢迎它吧。"我边说边把事先放在讲台下面的垃圾桶拿出来，让大家看那贴在上面的"垃圾，垃圾，我爱吃"的标语。

看到这一幕，学生都哈哈大笑起来。接着，教室里掌声雷动。

◈ 后记

后来，在我的进一步动员下，班上涌现出了几位"垃圾桶守护神"，他们每天负责检查大家往垃圾桶里扔垃圾的情况。此后，垃圾桶的周围很少出现垃圾了。

幽默工具

本案例中，老师运用了拟人化的幽默工具。

遇到学生随意扔垃圾的问题，一些老师可能会直接批评或者进行扣分处理，这样的确会有效果，但是很容易引发学生的逆反心理，不利于和谐师生关系的构建。案例中老师另辟蹊径，把垃圾桶拟人化，先通过垃圾桶梦中求助的方式提出问题，引发学生进行自我反省，再通过幽默有趣的标语引发学生哄堂大笑，在愉快的气氛中实现了教育目标。

8. 锡哥的经验介绍会
——怎样提醒学生上学早点儿出发

◇ **背景**

那天早上,由于出门太迟,骑摩托车过于匆忙,我一不小心摔了一跤,擦破了膝盖,只好回家给膝盖消毒并涂上红药水。为了保护膝盖,我只好穿短裤去上班。那段时间,早读的时候,我发现班上有几个走读的学生总是匆匆忙忙踩着点到达教室,甚至有一个学生因为骑自行车过于匆忙在路上摔了一跤。为了提醒他们早点儿出发,避免过于匆忙导致路上出现意外,我决定将自己作为反面教材开一个微班会。

◇ **目标**

提醒学生上学早点儿出发,避免过于匆忙导致路上出现意外,尽量做到不迟到。

◇ **准备**

提前打好"锡哥的经验介绍会"的腹稿。

◇ **过程**

"同学们,今天我准备召开一个'锡哥的经验介绍会',希望大家能有所收获。"

锡哥的经验介绍会?学生都睁大眼睛看着我。

"首先,请看这道美丽的'风景线'。"我一边说一边"勇敢大方"

地把那涂着红药水的膝盖展示出来。

哦，这就是美丽的"风景线"？学生看完哈哈大笑起来。

"这道美丽的'风景线'究竟是怎样创造出来的呢？且听我一一道来。今天上班，由于出发晚了一点儿，我骑着摩托车匆忙赶路，在一个拐弯处一不留神摔了下来，结果膝盖着地，创造出了这独一无二、举世无双的'风景线'。"我缓缓地自我调侃道。

听了老师自嘲的话语，不少学生笑得前仰后合。

"大家如果想创造出这样的'风景线'，只要每天早上晚点儿出发，骑车时保持匆忙赶路的状态就行。大家想和锡哥一样，努力为自己创造这样的'风景线'吗？"

"不想！"学生纷纷笑着回答。

"想！"突然有两位男生笑着插嘴调侃起来。

"哦，这两位说'想'的同学，下课后，你们记得跟我去办公室一趟，我还要传授一些秘诀给你们。"我看着那两位男生调侃道。

全班哄堂大笑，那两位男生也跟着哈哈大笑，然后齐声笑着说："我们不想了。"

"同学们，看来大家都不想和你们的锡哥一样，为自己创造出如此美丽的'风景线'啊。其实，早上摔伤后，我就暗下决心，以后上班一定要早点儿出发。我们班走读的同学，你们能否像我一样，每天上学早点儿出发呢？"

"能！"那些走读的学生齐声响亮地回答。

◎ 后记

接下来，我对班上走读的学生逐一进行电话家访，从家长那里了解他们早上起床的情况，建议家长适当提醒孩子早点儿出发。后来，他们基本都能提前到达教室，偶尔有学生踩着点到达，值日班干部就会笑着善意提醒："你下次记得早点儿出发哟，不然，可能会创造出和锡哥一样的'风景线'。"

幽默工具

　　本案例中，老师运用了自嘲及反话正说的幽默工具。

　　为了提醒学生上学早点儿出发，避免过于匆忙导致路上出现意外，老师用自嘲的方式现身说法，用反话正说的方式引得学生大笑，让学生在看老师"出丑"而哈哈大笑的同时，深刻领会老师的良苦用心，从而更愿意接受老师的教育引导。

9. 梦中的承诺
——怎样让学生认真做眼保健操

◇ **背景**

有段时间，眼保健操音乐响起后大部分学生都能认真做操，但总有几个男生拖拖拉拉，迟迟不做。就算值日班干部走过去提醒，他们也只是随便糊弄一番，根本就不认真做操。

◇ **目标**

提醒学生重视并认真做眼保健操。

◇ **准备**

提前打好腹稿。

◇ **过程**

"同学们，昨天晚上我做了一个很奇怪的梦。"那天，眼保健操开始前三分钟，我故作神秘地说道。

学生都睁大眼睛好奇地看向我。

"在梦中，突然有几双会说话的眼睛出现在我面前，它们齐声哀求道：'我们的主人，也就是陈老师您的几个学生，每天都不认真做眼保健操，导致我们的状态越来越差。现在我们都快撑不住了，请求您督促我们的主人以后一定要认真做眼保健操，您一定要帮帮我们哪！'"

听我说出如此奇葩的梦，学生马上便明白了是怎么回事，都哈哈大笑起来。

"听了它们如此悲惨的遭遇,我想都没想就对它们做出承诺:'我一定会好好监督你们的主人的。'同学们,你们支持我的承诺吗?"待学生安静下来,我大声问道。

"支持!"学生大声笑着回答。

然后,音乐响起,学生都认真地做起眼保健操来。我看向那几位平时消极应付的男生,这次他们也认真做起来了。

◎ 后记

此后几周,班上做眼保健操的情况有了较大改善。若发现某位同学消极应付,值日班干部就会走过去提醒他:"快认真做呀,否则你的眼睛又要跑到锡哥的梦中投诉你啦。"学生听罢,就会认真做起来。

幽默工具

本案例中,老师运用了自圆其说及拟人化的幽默工具。

怎样才能让学生认真做眼保健操?老师另辟蹊径,巧妙地将眼睛拟人化,编造了一个搞笑的梦境,借助荒诞的梦境自圆其说,在引得学生哈哈大笑的同时,收到了很好的教育效果。

10. 班主任的抗议书
——怎样让学生不在教室里吃早餐

◇ **背景**

有段时间，不少学生喜欢把食堂的早餐拿到教室里吃，然后把吃剩的面包等扔到教室后面的垃圾桶里。这既违反了学校不让带东西到教室里吃的规定，又让垃圾桶不堪重负。

◇ **目标**

提醒学生在食堂里吃早餐，不要把早餐拿到教室里吃。

◇ **准备**

提前准备好抗议书。

◇ **过程**

"同学们，今天锡哥应一位神秘人士的请求，为大家带来了一份抗议书，大家想看看吗？"我故作神秘地说道。

"抗议书？"学生都惊讶地喊了起来。

接下来，我把那份事先准备好的抗议书用课件展示出来，然后富有感情地朗读起来。

· 抗议书 ·

亲爱的同学们，近来我们班上某些人的不良行为，导致一

> 位神秘人士的处境越来越危险了。这位神秘人士是谁？他就是闻名江湖的打不死的小强（蟑螂）。班上不少同学喜欢在教室里吃早餐，他们把吃剩的面包等扔到教室后面的垃圾桶里，结果垃圾桶里的食物散发出的阵阵香味飘到了小强的家里。小强经不起香味的诱惑，偷偷地爬过来找吃的，导致自己暴露于大庭广众之下，成了人人喊打的"过街小强"。虽然他号称"打不死的小强"，但是若人多势众，他也性命难保哇！所以，现在锡哥提出严正抗议，请大家以后不要再把早餐拿到教室里吃了，好吗？

听我读完如此奇葩的抗议书，学生马上明白了是怎么回事，都哈哈大笑起来。

"你们能接受为师的请求吗？"

"能！"学生笑着大声回答。

"好的，我相信你们一定能做到。否则，我就只能按照校规，把那些带到教室里的早餐没收啦。大家支持我的处理方法吗？"

"支持！"学生响亮地回答。

◇ 后记

果然在接下来的两天，没有学生违反这一规定。但是第三天，又有两个学生把早餐带到教室里，我坚决按照校规没收了。之后一段时间里，很少有学生将早餐带到教室里吃了。

幽默工具

本案例中，老师运用了拟人化的幽默工具。

老师把小强（蟑螂）拟人化为一位神秘人士，抗议学生让小强"性命难保"，以一种荒诞的方式引得学生哈哈大笑，瞬间拉近了师生之间的心理距离，进而让学生更乐意遵守老师接下来提出的纪律要求。

11. 毒苹果
—— 怎样让学生养成认真值日的好习惯

◇ **背景**

早上，我到班级负责的校园公共区域检查卫生，在一个比较隐蔽的角落里发现了一个红苹果及几个小塑料袋，于是拿来劳动工具将它们清理掉了。

◇ **目标**

让学生重视校园公共区域的清洁问题，认真做好值日工作。

◇ **准备**

提前打好腹稿。

◇ **过程**

"同学们，刚才经过我们班的卫生区时，我差点儿就被毒到了。"回到教室后，我突然说道。

学生都非常惊讶。

"因为我在那里看到了一个苹果，红彤彤的熟透的苹果，我把它捡了起来，闻着那诱人的香味，口水都流出来了，张口就想咬一口。突然，我的耳边传来了白雪公主的声音：'陈老师，千万不要咬，那是我继母送给我的毒苹果呀！'然后，我马上把它扔到了垃圾桶里。大家难道不觉得很惊险吗？"我以调侃的语气解释道。

学生顿时哄堂大笑。

"同学们,以后做清洁时可一定要认真细致哟,一定要把每个角落都彻底清扫干净,把垃圾通通清理掉。这样的话,无论是谁经过我们班的卫生区,都不会看到类似毒苹果这样的垃圾了,更不会有中毒的危险啦。大家能做到吗?"

"能!"学生马上明白了我的意图,齐声回答。

"好,大家一定要说到做到哟。如果出了问题,锡哥会很生气。"

"锡哥很生气,后果很严重。"学生笑着齐声喊道。

◇ 后记

后来在班会课上,通过讨论、表决等方式我们进一步完善了卫生区值日管理制度并严格执行。之后,学生的卫生值日情况明显好转。

幽默工具

本案例中,老师运用了借力打力的幽默工具。

面对学生卫生值日不够认真的问题,老师没有直接斥责学生,而是借力打力,将学生没有清理掉的烂苹果化身为"毒苹果",提醒学生认真做好值日工作,取得了良好的教育效果。

12. 绝世高手
——怎样让学生自觉遵守午休纪律

◇ **背景**

一天，值日老师向我反映：午休时，班上有部分走读的学生不回家，留在教室里偷偷打纸牌。学校规定，午休时留在教室里的同学必须保持安静，禁止打牌、喧哗。于是，我决定跟进处理。

◇ **目标**

提醒学生遵守午休纪律。

◇ **准备**

提前打好腹稿。

◇ **过程**

"同学们，今天如果不是值日老师提醒，我真的不知道我们班居然有几位'绝世高手'呢！"回到班里，我看着学生突然说道。

"绝世高手？"学生都感到惊讶。

"对，就是江湖上一直传闻的那种骨骼清奇、百年一遇的绝世——打纸牌高手。这几位'绝世高手'今天午休的时候，还留在教室里偷偷地切磋技艺呢！如果不是值日老师发现，我真的不知道我们班居然有此等高人。"我认真地解释道。

学生马上领悟到是怎么回事，都小声地笑了起来，那几位"绝世高手"则不好意思地跟着苦笑。

"现在我们就请他们上讲台来展示他们的'绝世技艺',好吗?"我郑重其事地大声提议道。

"好!好!"有部分学生笑着应和道。

"老师,我们以后绝对不打啦,这次就饶恕我们吧!"其中一位"绝世高手"终于忍不住了,看着我苦笑着哀求道。

"好的,这次就算了。以后若出现类似的情况,你们必须上来表演你们的'绝世技艺'哟。"我决定放他们一马,顺便提出警告。

◆ 后记

在接下来的班会课上,我们一起讨论并表决通过了关于违反午休纪律的惩戒措施。

幽默工具

本案例中,老师运用了反话正说的幽默工具。

学生违反午休纪律,老师没有直接批评,而是反其道而行之,赞扬学生是打纸牌的"绝世高手"。老师把对学生的批评渗透在所谓的赞扬中,让学生在笑声中深刻地自我反省,并下决心改正不良行为。

13. 一个篮球的独白
——怎样让学生遵守课间纪律

◇ **背景**

有段时间，班上有几位男生经常一下课就跑到篮球场上打篮球，上课铃声响起后，他们才气喘吁吁、满头大汗地从篮球场跑回教室。这不但导致他们上课经常迟到一两分钟，而且影响了他们上课时的状态。

◇ **目标**

提醒学生遵守课间纪律：课间不要跑到篮球场上打篮球。

◇ **准备**

提前写好《一个篮球的独白》并打印出来。

◇ **过程**

"同学们，昨晚我居然梦见了我们班的这个篮球。"班会课上，我走到一位男生面前，拿起放在他座位下的篮球走上讲台，突然说道。

全体学生都感到无比惊讶。

"在梦里，这个篮球居然会说话，它向我述说了一段内心独白，该独白可谓震撼人心。现在，我就把这段独白展示出来，大家想看吗？"我故作神秘地问道。

"想！"学生齐声回答。

在学生满怀期待的目光中，我把那份提前写好的《一个篮球的独白》

用课件展示出来，然后绘声绘色地朗读起来。

一个篮球的独白

　　我只是一个普普通通的篮球，每天来也匆匆，去也匆匆。我的主人经常一下课就抱着我飞快地往篮球场跑。到了篮球场上，主人就开始热火朝天地打我。打着打着，突然上课铃声响起，主人立刻抱起我撒腿就跑，像离弦的箭一样冲向教室。主人浑身湿漉漉的，他额头上的汗水滴在我的脸上，那汗味真的太浓烈了，呛得我差点儿无法呼吸！由于经常来回拼命跑，主人跑得累，我也跟着累，现在我已经累得浑身无力啦！因为我，主人上课总是迟到，总是由于大汗淋漓而影响听课效果，这不正是典型的"玩球丧志"吗？如此一来，我岂不会成为导致主人高考失败的"千古罪球"？所以，现在我恳请主人，看在我多次跟随你征战球场的分上，行行好，放过我吧！求你以后课间不要再把我带到篮球场上了，好吗？

朗读完毕，学生都小声地笑了起来。

"篮球的主人哪，请问：你们能答应篮球的这个请求吗？"我看着那几位男生郑重地问道。

"能。"那几位男生低头苦笑着应道。

"好，我相信你们一定能说到做到。否则，我就只能把篮球拿到办公室里保护起来。反正，我是绝对不会让这个可怜的篮球跟着你们继续受苦受累并变成'千古罪球'的。"我微笑着调侃道。

◇后记

后来，那几位男生课间终于不再到外面打篮球了。我则利用课余时间，举行了几次班级篮球比赛，让那些热爱篮球的男生尽情释放运动激情。

> **幽默工具**
>
> 　　本案例中，老师运用了拟人化的幽默工具。
>
> 　　面对学生课间打篮球的问题，老师没有采取直接批评教育的方法，而是另辟蹊径，以学生的篮球为突破口，将篮球拟人化，通过篮球夸张的独白引学生发笑。这为教育学生营造了一种别样的幽默轻松的氛围，从而让学生更乐于接受老师的引导。

14. 一心不可二用
——怎样让学生专心学习

◎ **背景**

有段时间，不少家长向我反映：学生在家里做作业的时候，喜欢一边玩手机一边写作业，效率低下。家长希望我能在班上提醒学生一下。

◎ **目标**

让学生明白一心不可二用的道理，养成专心致志学习的好习惯。

◎ **准备**

提前打好腹稿。

◎ **过程**

"同学们，今天我们来玩一个很有挑战性的小游戏，好吗？"我来到教室里，热情地提议道。

"好啊，好啊！"学生两眼发光，充满期待地看着我。

"请大家用左手拿起笔，在草稿纸上写一个'家'字。"

"哦，这个难不倒我。"有的学生小声回应。然后，很多学生拿起笔写起来。

很快，学生纷纷举手表示已经完成。我看了一下，他们虽然写得不算漂亮，但基本都能顺利完成。

"好，你们完成得不错，现在请用右手写一个'庭'字。"

"太简单啦！这还要挑战吗？"部分学生轻声笑了起来，很快他们都顺利完成了任务。

　　"现在真正的挑战开始。请用你们的左手、右手分别拿起一支笔，然后两只手同时书写。请记住，一定要同时，左手写'家'字，右手写'庭'字，限时十秒完成。"我说道。

　　这时，很多学生面露难色。

　　"同学们，请双手拿起笔，计时开始。"我一声令下，学生马上书写起来。

　　很快十秒钟过去了，学生在忙乱之中完成了挑战。

　　我把两个学生的"成果"投影出来。

　　大家看着那歪歪斜斜、奇形怪状的符号哈哈大笑起来。

　　"同学们，你们刚才的挑战成功了吗？"

　　"没有。"

　　"为什么？"

　　"因为一心不可二用。"学生齐声响亮地回答。

　　"对呀！一心不可二用。大家在家里做作业的时候有没有一边玩手机一边写作业呢？"这时我顺势把问题抛出来。

　　学生陷入了沉思。

　　"一边玩手机一边写作业就好像两只手同时写字，结果就是手机玩得不尽兴，作业也写不好，付出了时间却没有真正的收获。大家认为一心二用好吗？"

　　"不好！"学生齐声回答。

　　"那么，我们应该怎样处理这样的问题呢？"我进一步引导学生思考。

　　"写作业时把手机交给家人保管，写完一科作业后玩一会儿手机，而且要和家人商定玩手机的时间，时间到了马上写另一科作业。这样就可以高效完成作业，手机也玩得开心。"班长站起来回答。

　　"大家觉得班长的建议好吗？"

　　"好！"

"这个周末，大家在家里能按照班长的建议，请家长配合一起行动起来吗？"

"能！"

◇ **后记**

果然，在家长的积极配合下，不少学生逐渐养成了把手机放到一边，专心致志做作业的好习惯。

幽默工具

本案例中，老师运用了相关联的幽默工具。

老师把学生做作业的不良习惯和一个游戏关联起来，让学生通过有趣的体验活动，在笑声中深刻领悟到老师的良苦用心，从而更加愿意主动接受老师的教育引导。

15. 人体无用副组织群体切除术
—— 怎样让学生按时理发

◇ **背景**

有段时间，我发现班上有几位男生的头发过长（对比学校规定的标准）。以前我都是直接命令学生回家理发，虽然他们都按照要求做了，但是我能很明显地感受到他们的不满情绪。这次，我决定进行幽默化处理。

◇ **目标**

提醒学生理发，让学生养成按时理发的好习惯。

◇ **准备**

提前打好腹稿，准备一把剪纸的小剪刀。

◇ **过程**

"同学们，锡哥我昨晚观天象，见紫微星东移。今天早上我对大家进行了细致观察，然后掐指一算，马上算到了班上几位男生的命运——他们这个周末回家后需要做大手术。"班会课上，我故作神秘地说道。

老师居然成了神算子？有同学周末回家后需要做大手术？学生都睁大眼睛惊讶地看着我。

"这几位男生需要做的大手术是人体无用副组织群体切除术。"我看着学生一本正经地边说边板书"人体无用副组织群体切除术"。

人体无用副组织群体切除术？学生看着黑板上既陌生又让人不寒而

栗的手术名称，你看我，我看你。

"这人体无用副组织嘛，就是这几位男生多余的头发呀。这几位男生明天回家后需要剪头发啦！"我缓缓地解释道。

"原来是剪头发！"学生先是惊呼，然后哄堂大笑。

"具体是哪几位男生呢？我在这里就不一一点名了，下课后我会逐一告知。下周锡哥若发现还有哪位没有做此手术，为了你们的健康成长，为了不让那些无用副组织白白地消耗你们身体里宝贵的营养，我就只能亲自用手术刀来拯救你们啦。"我微笑着调侃起来，同时将事先准备好的小剪刀展示出来。

见到我的小剪刀，学生又哈哈大笑起来，那几位男生也开心地跟着大家一起笑。

◇ 后记

下课后，我逐一告知那几位男生，他们都笑着承诺周末回家后一定剪头发。果然，下周回到学校后，我发现他们都出色地完成了任务。之后，班上男生理发的事很少需要我单独提醒了。

幽默工具

本案例中，老师运用了夸张的幽默工具。

为了提醒学生按时理发，为了让学生更乐意接受老师的提醒，老师不按常理出牌，把理发夸张地表述为"人体无用副组织群体切除术"，用幽默有趣的方式引得学生哈哈大笑。这既拉近了师生之间的心理距离，又让学生更乐意遵守校规，最终养成按时理发的好习惯。

16. 心有灵犀一点通
——怎样让学生独立完成作业

◇ **背景**

一天早上，在批改作业的时候，我发现有两位平时成绩比较差的男生的作业居然和班上"学霸"小韩的一模一样，有抄袭之嫌。后经暗中调查，我发现这两位男生确实抄袭了小韩的作业。于是，我决定利用上课前的两分钟对此事做幽默化处理。

◇ **目标**

批评学生抄袭作业的行为，提醒学生养成自己独立做作业的习惯。

◇ **准备**

提前打好腹稿。

◇ **过程**

"同学们，刚才在办公室批改大家的作业时，我大感震惊，真是目瞪口呆呀！"上课预备铃声响起后，我走上讲台，故作神秘地说道。

老师为什么大感震惊？学生好奇地看着我。

"刚才批改大家的作业时，我先批改小韩的，发现他完成得太完美了，他巧妙的解题思路让我赞叹不已。接下来，我发现居然有两份作业和小韩的一模一样，为何会这样呢？经过大脑的快速推演论证，我得出的唯一解释就是：他们三个人不但掌握了量子纠缠技术，而且能熟练运用。现在他们已经做到了心有灵犀一点通。真想不到如此难得的人类奇迹居然出现在我们班上,真乃惊天地,泣鬼神,为师又怎能不大感震惊呢?"我缓缓地解释道。

学生一下子就明白了我的言外之意,纷纷笑了起来。小韩他们则低着头不好意思地跟着笑。

后记

课后,小韩他们三个人找到我,主动交代了"罪行"并保证不会再犯。

幽默工具

本案例中,老师运用了旁敲侧击间接批评的幽默工具。

老师通过解释自己批改作业时大感震惊的原因,间接指出了学生抄袭作业的不良现象,在诙谐搞笑的氛围中达到了提醒及批评学生的效果,进而让犯错的学生愿意主动改正自己的错误行为。

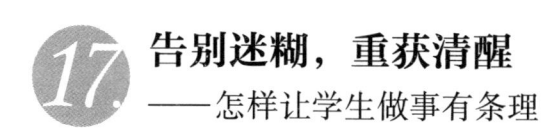

17. 告别迷糊，重获清醒
—— 怎样让学生做事有条理

◎ 背景

有段时间，班上出现了一些不良现象：男生宿舍里的物品摆放混乱，科任老师反映总有个别学生上课时找不到课本和笔。

◎ 目标

借助幽默故事，引导学生养成做事有条理的好习惯。

◎ 准备

提前把笑话故事《迷糊》打印出来。

◎ 过程

"同学们，我发现这段时间我们班有些同学犯病了。"班会课上，我以忧虑、关切的语气说道。

"有同学犯病了？"

"但是班上没有人请假呀！"

学生窃窃私语，一头雾水，都疑惑地看着我。

"他们究竟犯了什么病呢？经过闻名江湖的医生——锡哥诊断，他们犯的是一种叫作'迷糊'的病。"

班主任居然变身为闻名江湖的医生了？有人犯了"迷糊病"？听到如此怪异的表达，有些学生小声笑了起来，然后睁大眼睛看着我，急切地想知道我的葫芦里装的究竟是什么药。

"什么是'迷糊病'？请大家先看下面的故事。"我边说边把事先准备好的笑话故事《迷糊》展示出来，然后绘声绘色地朗读起来。

• 迷糊 •

从前有四个迷糊去旅馆投宿。这四人并排横躺在一个大通铺上，很快进入了梦乡。时值夏天，晚上蚊子多，半夜，因为有蚊子叮咬了大腿，张迷糊就使劲地抓挠。可是，他在迷迷糊糊之中抓的却是李迷糊的大腿，自然他的大腿不能止痒，于是他就继续拼命地抓挠，结果将李迷糊的大腿抓得鲜血淋漓。李迷糊在半梦半醒之中一摸大腿，感觉湿淋淋的一大片，于是大声对王迷糊喊："你尿裤子了，快出去撒尿！"王迷糊在美梦中不愿意醒来，就拍打着身旁的赵迷糊说："你帮我去尿一下。"赵迷糊被拍得没办法，迷迷糊糊起身往外走，黑灯瞎火中就站在廊檐下撒尿。可是因为隔壁是一个酿酒坊，出酒竹管里一直有淅淅沥沥、滴滴答答的声音，赵迷糊一直以为自己没尿完，就那样一直站到天亮。

我朗读完后，学生笑倒了一大片。

"同学们，究竟什么是'迷糊病'？听了这个故事后，大家清楚了吗？"待学生安静下来，我追问道。

"清楚了，就是做事迷迷糊糊。"有个学生大声回答。

"是啊，做事迷迷糊糊，就是犯了'迷糊病'。我们班就有同学犯了'迷糊病'。例如，有些男生早上起来后迷迷糊糊，东西南北都分不清，鞋子、衣服等物品摆放得非常混乱，导致宿舍卫生检查时总是被扣分。又如，有些同学上课前也是迷迷糊糊的，不知道课本、笔等物品藏在哪里，老师都上课了，他们还在手忙脚乱地找啊找，挖啊挖，课前准备做得一塌糊涂。这些同学肯定是被'迷糊病毒'盯上了，我们一定要想办法救救这些可怜的同学，让他们告别迷糊，重获清醒啊！"我意味深长地说道。

哦，原来是这样！学生一下子就明白过来，然后哈哈大笑起来。

"大家有信心同心协力消灭那些'迷糊病毒'吗？"我大声问。

"有！"学生笑着齐声回答。

◇ 后记

接下来，我们开展了"告别迷糊，重获清醒"大行动。我们在男生宿舍设立"整洁卫生奖"，帮助学生养成规范摆放个人物品和认真清理卫生的好习惯；在班上设立"课前准备醒目奖"，让学生逐渐养成事前规划的好习惯。经过一段时间的努力，不少学生逐渐养成了做事有条理的好习惯，学生的自觉性和综合素质得到了一定的提升。

幽默工具

本案例中，老师运用了活用笑话故事的幽默工具。

老师另辟蹊径，巧妙地把学生的不良行为归结为学生犯了"迷糊病"。老师活用一个与迷糊有关的幽默搞笑的故事，让学生在愉悦的气氛中明白了什么是"迷糊病"，领会到老师的良苦用心。

如果老师平时能多收集一些幽默搞笑的小故事，遇到学生表现不佳或班级管理出现问题时，就可以巧妙地把这些故事和当下的问题结合起来，让我们的教育因为幽默而更加精彩。

18. 一根香烟的自我推销
——怎样打消学生抽烟的念头

◎ 背景

有段时间，经过暗中调查，我发现班上有几位男生在谈论抽烟的话题，他们开始对抽烟感兴趣，甚至准备偷偷尝试一下抽烟的滋味。于是，我决定在班会课上用特殊的方式对他们进行教育引导。

◎ 目标

让学生认识到抽烟的危害，打消学生抽烟的念头。

◎ 准备

提前准备一根香烟，打印好《一根香烟的自我推销》。

◎ 过程

"同学们，大家看看，这是什么东西？"班会课上，我把一根香烟拿出来展示给大家看。

学生都睁大眼睛看着那根香烟，急切地想知道究竟是怎么回事。

"这是一根香烟。今天上班时，我接到一个电话，就是它打过来的，原来它希望我在你们面前帮它做一下推销。我已经把它想要推销的内容打印出来了，请大家一起来看看吧。"我边说边把《一根香烟的自我推销》用课件展示出来，然后朗读起来。

一根香烟的自我推销

大家好，我的中文名叫香烟，英文名叫cigarette。我身高8.5厘米，直径0.8厘米。虽然我身材矮小，但是浓缩的都是精华，我可是闻名世界的超级巨星，我在中国拥有的粉丝数量超过三亿。来吧，拿上我，吸上一口，我可以助你完成三件事。

第一，提升你的颜值，让你变得成熟稳重。研究表明，经常吸我的人，外貌会出现这样的变化：出现眼袋；牙齿变黄；手指和指甲变黄；头发变得稀少，甚至出现秃顶；长牛皮癣；皱纹增多。总之，请相信我，我一定会让你变得更加成熟稳重。

第二，振奋你的精神，缩短你的生命。我富含尼古丁，它有醒脑提神之特效，会让你逐渐上瘾，欲罢不能。你吸得越来越多，我体内的那些"营养素"就会在你体内越积越多。你极有可能"幸运"地患上某些疾病，然后"潇洒"地提前离开人间。因此，很多人都说，因为抽烟者很少长命，所以他们没有机会衰老。

第三，成为你毒害他人的秘密武器。你吸我时吐出的烟雾（即二手烟）毒性凶猛。旁人吸入后，会纷纷"中毒"而不自知。更厉害的是，你吞云吐雾后吸附在衣服、墙壁、地毯、家具甚至头发和皮肤等表面的残留物（即三手烟），能存留很长时间，然后慢慢释放出来，让其他人在不知不觉中继续中招。

后来，人们知道了我的"威力"。世界卫生组织从1989年开始将每年的5月31日定为"世界无烟日"。教育部也发文规定中小学生不能在校内抽烟。现在喜欢我的人和憎恨我的人在博弈，但是我依然活得很好。我活得越好，"受益"的人就越多。为了让我活得更好一点儿，请大家快快加入"受益者"的队伍吧！

我读罢，已经清楚老师意欲何为的学生纷纷哈哈大笑起来。

"大家想提升自己的颜值吗?"

"老师,这样提升颜值就免了吧,我们才不要呢!"学生笑着回答。

"大家想永远不老、早早离开人间吗?"

"不想。"学生笑着齐声回答。

"大家想让香烟成为你毒害他人的秘密武器吗?"我看着学生,继续问道。

"这样太狠毒了,不想!"学生语气坚定地回答。

"大家想成为抽烟的'受益者'吗?"

"不想!这哪里是'受益者',分明是受害者呀!"学生继续笑着回答。

"那么,大家接受这根香烟的自我推销吗?"

"不接受!"学生再次响亮地齐声回答。

◆ 后记

有了这次班会课的铺垫,当我私下分别找到那几位对抽烟感兴趣的学生谈话时,他们都表示已经对抽烟不感兴趣了,并且向我承诺:以后决不抽烟。后来,经过暗中观察我发现,他们在校园内确实没有出现抽烟行为。

幽默工具

本案例中,老师运用了拟人化及反话正说的幽默工具。

老师在发现学生有尝试抽烟的想法后,马上召开班会课对学生进行集体教育。但是,老师没有采取一般的说教模式,没有直接和学生谈论抽烟的种种危害,而是将香烟拟人化,为学生带来了《一根香烟的自我推销》。在香烟的自我推销中,老师反话正说,把抽烟的三大危害"正说"为抽烟的三大"好处",通过反弹琵琶的方式引得学生哈哈大笑,让学生在愉快轻松的氛围中深刻反思,从而更乐意接受老师的教育引导。

19. 三个英文单词
——怎样让学生用语文明

◇ **背景**

有段时间,班上有几个学生在表达惊讶时总是脱口说出一句脏话,其中还有一个女生。我在其他班上课时,课间偶尔也会听到学生喊出这句脏话。

◇ **目标**

引导学生做高素质、用语文明的中学生。

◇ **准备**

提前打好腹稿。

◇ **过程**

"同学们,近来我发现班上出现了一种很奇怪、很不好的现象。有个别同学在表示惊讶时,喜欢高喊一句只有两个字的脏话。"我开门见山地说道。

学生面面相觑,教室里一片沉默。

"我相信这些同学肯定受到了外面不良风气的影响,所以,说了脏话自己却浑然不知。作为你们的班主任,我今天必须指出这些同学所犯的错误。希望你们以后能做到用语文明,不要再说那些让自己大跌身价的话了,好吗?"

"好!"有小部分学生小声回应,大部分学生依然沉默不语。看来单纯的说教对他们的触动不够深,我决定换一种幽默的疏导方式试试。

"我们在遇到一些让自己大吃一惊的事情时，总会不自觉地蹦出一些词语，以表达我们当时的心情，此乃非常正常的现象，也是很多人情不自禁的行为。但是究竟蹦出哪些词语，却是我们完全可以控制的。例如，你们的锡哥在遇到一些不可思议的事情时，也会蹦出几个字，大家想知道是哪几个字吗？"我看着学生故作神秘地问道。

"想！"学生一下子来了精神，大声回应道。

"这几个字就是：Oh, my goodness（噢，我的天）！"我用夸张的语调将这三个英文单词重重地念了出来。

学生没想到居然是这三个英文单词，都哈哈大笑起来。

"同学们，以后你们在表达自己的惊叹之情时，能用这三个英文单词替换那句脏话吗？"

"能！"学生齐声笑着回答。

"大家敢向锡哥承诺，以后都能做到用语文明，做高素质的中学生吗？"我微笑着大声问学生。

"敢！"学生再次笑着大声回应。

◇ 后记

后来，和学生聊天时，我偶尔会用"Oh, my goodness"来表达惊叹之情，每次都会引发学生会心一笑。在我的示范下，神奇的事情发生了。在我的化学课堂上，当学生对我所讲的内容感到惊讶时，他们偶尔也会用"Oh, my goodness"来回应。如此一来，课堂学习氛围就更浓了。

(幽默工具)

本案例中，老师运用了顺水推舟的幽默工具。

对学生喜欢说脏话的不良习惯，老师顺水推舟、顺势引导，顺着学生的思路，引导学生用"Oh, my goodness"来代替那句脏话。这样的引导方式既出乎学生的意料，又合情合理，让学生在幽默的气氛中感受到老师对他们的理解和宽容，从而心悦诚服地接受老师的教育。

20. 顺风耳
——怎样让学生按时作息

◈ **背景**

一天早上，我回到办公室后突然看到办公桌上有张昨晚的违纪清单："216男生宿舍，23点13分，多人在讲话。"之前我已经在班上多次强调——"晚上一定要按时作息，保持安静"，但是总会有学生讲话违纪。看来，之前采取的只扣德育分的办法效果不太好，这次我准备加大惩戒力度。为了让学生印象深刻，也为了让这次突如其来的惩戒更容易被学生接受，我决定对该事件进行幽默化处理。

◈ **目标**

提醒学生遵守晚休纪律，按时作息，让学生意识到老师对晚休纪律的重视。

◈ **准备**

提前打好腹稿。

◈ **过程**

"同学们，昨晚我竟然失眠了，真的是非常难受啊！"我来到教室里，走上讲台，突然诉起苦来。

学生都惊讶地看着我，部分学生眼中还流露出关切的神情。

"我为何会失眠呢？当我躺在床上，正准备入梦之时，耳边突然响起了一阵嘈杂声,这居然是从我们班 216 男生宿舍传来的讲话声!天哪!我竟然一下子拥有了顺风耳的功能,我居然有超能力了!那时我真的太激动、太开心了。216 宿舍里的那些讲话声,我真的听得清清楚楚。但是那些讲话声连绵不绝地飘进我的耳朵里,导致我无法安静睡觉,所以这顺风耳的特异功能又把我害惨啦。然后,我就开始失眠,整晚都没睡好。"我故意用痛苦的语气缓缓地解释道。

学生一下子就明白了我葫芦里装的是什么药,纷纷小声地笑了起来。

"锡哥睡不好,上课时就没有精神,大家就无法享受高效的课堂。大家说,对 216 宿舍的不良行为,我们该怎样处理呢?"我非常严肃地问学生。

"严惩 216 宿舍的全体男生。"有学生小声地笑着回应。

"大家真的觉得需要严惩吗?"我继续大声地问道。

"要!"除了 216 宿舍成员保持沉默外,其他学生都大声地笑着回答。

"好,那就这样吧,除了扣德育分外,今天及明天的教室值日就由 216 宿舍成员来承担,大家觉得如何?"

"好!"

"请问 216 宿舍成员有意见吗?"

"我们没有意见。"这时,216 宿舍的舍长站起来,面露愧色地看着我回应道。

"非常好!大家以后一定要记得按时作息,保持宿舍安静哟。否则,锡哥睡不好……"

"锡哥睡不好,后果很严重!"学生一起笑着大声回应。

◈ 后记

后来在班会课上,经过讨论、表决,我们在班规中加大了对晚休期间说话的惩戒力度并严格执行。之后,宿舍的晚休纪律有了明显好转。如果熄灯之后还有人讲话,在舍长的及时提醒下,大家一般都会快速安静下来。

幽默工具

本案例中，老师运用了夸张的幽默工具。

老师在学生面前夸张地说自己拥有顺风耳的特异功能，然后将此功能和学生在宿舍里违纪说话联系起来，抱怨学生的违纪行为导致自己失眠。老师的做法在引得学生发笑的同时，让学生看到了老师对晚休纪律的高度重视，从而主动改正不良行为。

21. 特殊的失物招领启事
—— 怎样提醒学生遵守宿舍管理条例

◇ **背景**

我们学校对学生宿舍的管理一直非常严格，不但要求宿舍保持整洁，还规定不能在宿舍里挂衣物和背包等个人物品。但是部分男生对这条规定不以为意，认为学校是小题大做。他们经常把背包挂在宿舍里，导致宿舍检查时经常被扣分。虽然我曾在班上多次强调这个问题，但是总有些学生依然我行我素。一天早上，宿舍检查员再次向我反映，我们班618男生宿舍又有三个学生把背包挂在宿舍里。这次，我决定进行特殊处理。

◇ **目标**

让学生养成严格遵守学校宿舍管理条例的习惯。

◇ **准备**

在接到宿舍检查员的电话后，我马上奔向宿舍，找到宿舍管理员，拿到618宿舍的钥匙。开门进去后我把那三个挂着的背包取下来，拿到学校的门卫室（门卫室离学生宿舍较远，学生在领回背包的时候需要走一段路），并向门卫说明我的想法，门卫表示愿意帮忙。然后，我把失物招领启事准备好。

◎ 过程

中午放学的时候，我来到教室里。

"同学们，很抱歉，要耽误大家几分钟。现在有个失物招领启事，请大家注意。"在同学们疑惑的目光中，我把事先准备好的失物招领启事用课件展示出来。

• 失物招领启事 •

今天有人在618男生宿舍外面捡到三个背包，请失主于今天12点10分前到学校门卫室认领。

门卫室

×年×月×日

看着这个有点儿怪异的失物招领启事，很多学生露出愕然的表情。

"我听说事情好像是这样的：这三个背包原来是挂在宿舍里的，由于学校一直规定不能在宿舍里挂个人物品，而这三个背包都是标准的'好背包'，它们不想违反学校的规定，都想做遵守校规的好背包，于是它们艰难地挣扎着从宿舍逃出来寻找它们的主人，结果一不小心在宿舍外面摔倒了。它们真的太难了、太受伤了。"我看着全班学生解释道。

这时，全班学生一下子明白了是怎么回事，都笑了起来，而那三个背包的主人也跟着一起笑。

◎ 后记

中午放学后，那三个男生都准时领回了自己的背包。接下来，我私下逐一找到之前经常违规的几个男生，和他们探讨"小题大做"的重要性。我告诉他们，要想取得大成就，就必须从摆放好自己的个人物品这样的小事情做起。之后，学生宿舍里很少出现类似的问题了。

> **幽默工具**
>
> 本案例中，老师运用了拟人化的幽默工具。
>
> 老师安排了背包自己逃离宿舍后在外面摔倒的情节。这完全出乎学生的意料，比简单地"把事情摆平"要好很多，实现了非常好的教育效果。不过要注意，本案例中的处理方式是以平时师生关系较好为前提的，若师生关系紧张，老师则要慎重处理。

22 锡哥的特异功能
——怎样让学生上课不随便说话

◇ **背景**

一天，有个学生向我抱怨，班上有人上课时喜欢随便说话，影响了其他同学听课，希望我管一管。

◇ **目标**

引导学生养成上课不随便说话的好习惯。

◇ **准备**

提前打好腹稿。

◇ **过程**

"同学们，昨晚我梦到了两位神仙。"上课前，我故作神秘地说道。

班主任居然梦到了神仙？学生都感到十分惊讶，急切地想知道究竟是怎么回事。

"锡哥在梦中巧遇的两位神仙是闻名神界的千里眼和顺风耳。他们告诉我，近来，我们班上有些同学上课时喜欢随便说话，影响了别人听课，他们希望身为班主任的锡哥能管一管。我向他们诉苦说我无法时刻跟在大家身边，他们听了立刻赐予我千里眼和顺风耳的特异功能，这样我就能时刻了解大家上课的情况。所以，以后大家上课时可千万不要随便说话，以免影响别人，否则……"

"锡哥很生气，后果很严重！"我还没有讲完，学生就明白了是怎么回事，然后，他们笑着喊出了我们班的经典语句。

"大家以后想惹锡哥生气吗？"待学生安静下来后，我继续微笑着问道。

"不想！"

"为啥不想？"

"因为锡哥有特异功能。""因为锡哥生气后果太严重了。"学生纷纷笑着回答。

◇ 后记

这次幽默提醒后，我逐一找到科任老师打好招呼，请他们以后重点留意课堂上学生随便说话的情况。如果有学生在科任老师提醒后仍然不收敛，课后就由我来处理。在科任老师和班主任的共同努力下，学生上课时随便说话的不良现象少了许多。

幽默工具

本案例中，老师运用了夸张的幽默工具。

为了帮助学生改掉在课堂上随便说话的不良习惯，老师夸张地说自己拥有千里眼和顺风耳的特异功能，提醒学生上课时不要随便说话以免影响他人。这种幽默的处理方式让学生在愉快的氛围中深切体会到老师对班级课堂纪律的重视，从而努力约束自我，用实际行动来维护班级的课堂纪律。

23. 班主任的投诉信
——怎样提醒学生不抄袭作业

◆ **背景**

近来,有科任老师向我反映,班上存在少数学生抄袭作业的不良现象。

◆ **目标**

让学生养成认真完成作业、不抄袭的好习惯。

◆ **准备**

提前把投诉信写好并打印出来。

◆ **过程**

"同学们,最近我遇到了一件非常棘手、非常恼火的事,为此我专门写了一封投诉信准备交给校长。但是,我又担心写得不够好,大家能否帮我把把关呢?"班会课上,我装作很认真的样子问学生。

老师遇到麻烦啦?还给校长写了投诉信?学生都惊呆了,睁大眼睛好奇地看着我,纷纷回答:"能!"

接下来,在学生期盼的目光中,我把事先准备好的投诉信用课件展示出来,并大声地念起来。

• 投诉信 •

尊敬的校长：

　　我要投诉最近我们班上经常抄袭作业的几个学生。我的投诉理由如下：

　　第一，他们的作业都是抄袭的，这样的行为严重违反了《中学生日常行为规范》，严重违反了校规、班规。为了维护校规、班规的尊严和权威，学校必须对他们采取行动。

　　第二，在习惯了抄袭作业后，他们的思考能力就会逐渐退化，不利于智力的发展。所以，他们的行为本质上就是智力上的"自残"。为了保护他们的"安全"，学校必须对他们采取强制"保护"措施。

　　第三，他们抄袭作业，就是直接窃取别人的劳动成果，这样的行为本质上就是"盗窃"。对这样的行为，我们必须坚决打击。

　　第四，为了搜集他们抄袭作业的证据，科任老师耗费了大量时间和心血，甚至达到了废寝忘食、呕心沥血的程度。

　　鉴于以上理由，我请求学校对那几个抄袭作业的学生给予严肃的纪律处分。

班主任：陈锡
×年×月×日

　　哦，原来是这么回事！学生听我念完如此夸张的投诉信后，都小声笑了起来。

　　"同学们，大家觉得锡哥的这封投诉信写得好吗？"我看着大家问道。

　　"好！"

　　"太好了！"

　　"好极了！"

　　有些学生笑着回答，那几个抄袭作业的学生则不好意思地低着头。

"大家觉得锡哥需要把它呈交给校长吗?"我继续问道。

"不需要,我们可以内部讨论解决。"这时,班长站起来提议道。

"大家同意班长的建议吗?"

"同意!"学生齐声回答。

"好的,那我们就内部讨论解决吧。"我顺势说道。

◈ 后记

接下来,通过讨论、表决,我们进一步完善了班规,加大了对抄袭作业行为的惩戒力度,之后由班委严格执行。经过这样一系列操作,班上抄袭作业的不良现象少了许多。

> **幽默工具**
>
> 本案例中,老师运用了夸张的幽默工具。
>
> 一般来说,面对学生抄袭作业的问题,班主任往往会这样处理:直接批评教育,罚学生重做;如果还不行,就请家长。这样做也许会有一定的效果,但是如此直接、"粗暴"的方式很容易引发学生的逆反心理,甚至会引发师生之间的冲突,很难既治标又治本。
>
> 案例中,老师没有直接批评相关学生,而是先用一封奇葩、夸张的投诉信引人发笑,以拉近师生之间的心理距离,让学生感受到老师的良苦用心,然后进一步完善班规。如此幽默的处理方式,让学生对老师的教育引导心悦诚服。

24. 拒绝外号
——怎样提醒学生尊重他人，不乱取外号

◇ **背景**

有段时间，班上兴起了一股随便给别人取侮辱性外号的歪风。

◇ **目标**

提醒学生不要给他人乱取外号，要尊重他人。

◇ **准备**

提前打好腹稿。

◇ **过程**

"同学们，大家都看过《三国演义》吧？"班会课上，我直接问学生。

"看过。"学生纷纷回答。

"《三国演义》的故事非常精彩，而且里面的人物个性鲜明，很多人物都有外号，例如，吕布的外号是——"

"三姓家奴。"男生小枫大声地抢着回答。

"对，就是三姓家奴。请问小枫同学，如果你是吕布，你喜欢这个外号吗？"

"我才不喜欢呢！这个外号太侮辱人了。"小枫笑着回答。

"是啊，在《三国演义》中，最侮辱人的外号莫过于三姓家奴了。当时张飞当着十八路诸侯的面，骂吕布为'三姓家奴'。自此以后，但凡提

及吕布，大家总不免会心一笑，骂他'三姓家奴'。如果吕布能活到今天，他一定会上法庭状告张飞乱给他取外号。"

吕布状告张飞？听到这里，学生都情不自禁地笑了起来。

"同学们，大家看过《水浒传》吗？"我继续问道。

"看过，里面的很多人物都有外号。"男生小涵站起来回答。

"是啊，《水浒传》里面的人物基本都有外号。请小涵同学为大家举例说说，好吗？"我对小涵说。

"'智多星'——吴用，'豹子头'——林冲，'花和尚'——鲁智深，'青面兽'——杨志……"小涵果然十分熟悉《水浒传》，一口气就报上了十几位人物的外号。

"同学们，《水浒传》里面的人物外号真的太形象生动了，这些外号非常准确地概括了人物的个性特征。但是有一位梁山好汉对自己的外号非常不满意，他感到非常委屈，大家想知道他是谁吗？"

"想！"学生好奇地看着我齐声回答。

"他就是白胜，他的绰号是'白日鼠'。他原本是个游手好闲的小哥，后来和晁盖等人参与了'智取生辰纲'。此后他就被官府盯上了，最后被逼上梁山。为啥叫他'白日鼠'呢？在宋代，一些以小商贩身份为掩护的骗子被称为'白日贼'。老鼠擅长偷窃，因此人们将那些在白天盗窃的盗贼称为'白日鼠'。白胜这位小哥，因为专做鸡鸣狗盗之事，为人机敏，所以江湖人称之为'白日鼠'。"

听了我的解说，学生纷纷点头。

"白胜肯定不喜欢这个带有侮辱性的绰号，为何？因为'过街老鼠，人人喊打'呀！"

听着我的调侃，学生都哈哈大笑起来。

"同学们，请问大家喜欢别人给自己取类似于'三姓家奴''白日鼠'这样的外号吗？"

"不喜欢。"学生大声回答。

"为何不喜欢？"

"太欺负人，太侮辱人了。"有学生抢着回答。

"是啊，正常人都不喜欢这样的外号。然而，最近我们班有一些同学喜欢给别人取带有侮辱性的外号。例如，他们称戴眼镜的同学为'小四眼'，称长得胖的同学为'胖墩'，称长得瘦的同学为'竹竿精'等。他们以为这样称呼别人无伤大雅，殊不知，这些外号可能会给别人造成极大的心灵伤害。同学们，我们要制止这类歪风吗？"我语重心长地说道。

"要！"学生齐声回答。

"是的，我们要坚决制止这种给别人乱取外号的不良风气。同学之间一定要互相尊重，不可随便贬低、侮辱他人。"我语气严肃地总结道。

◈ 后记

后来，经过进一步讨论，我们增加了一条"不许给同学取外号"的班规，并严格执行。之后，班上的这种不良风气得到了较好的遏制。

【幽默工具】

本案例中，老师运用了活用名著的幽默工具。

老师巧妙地借助名著中的人物外号遏制班上学生给同学乱取外号的不良风气。老师先通过诙谐的语言制造和谐愉快的氛围，拉近师生之间的心理距离。然后，引导学生深刻反思给他人乱取外号的危害，让犯错的学生积极主动地改正自己的不良行为，学会尊重他人。

25. "借师除魔"
—— 怎样让学生自觉遵守晚修纪律

◇ **背景**

最近,我发现班上有几位男生在玩魔方。为此,我特意在班上提醒他们:根据班规,课间休息的时候拿出来玩一下是可以的,但是上课及晚修期间不能拿出来玩,否则一律没收。

那天晚修时,我在教室外面巡查,看到小智一边玩魔方一边小声地读书,我快步走到他跟前,没收了他的魔方。

◇ **目标**

教育学生要遵守晚修纪律,不可一心二用。

◇ **准备**

快速打好腹稿。

◇ **过程**

"同学们,今天我要隆重地表扬小智同学。"晚修后,我拿着魔方走上讲台,看着全体学生突然说道。

学生先看向小智,然后看向我,表情愕然,不知道我葫芦里装的是什么药。

"小智同学最近非常迷恋玩魔方,甚至到了无法自拔的地步。那个魔方已经让他着魔,他非常想扔掉那个魔方,但是他已经被魔方控制了,根本就扔不了。于是，他想到了一个自救的方法。刚才，他看到我在教室外面巡查，于是赶紧把魔方拿出来，一边读书一边玩魔方，非常巧妙地让魔方出现在我面前。然后他借助我的力量，彻底摆脱了魔方的控制。别人是'借刀杀人'，小智同学这招是'借师除魔'呀！大家难道不觉得小智此举用心良苦且充满智慧吗？"我以调侃的语气解释道。

学生马上明白了是怎么回事，都爆笑起来，甚至个别学生鼓起了掌。小智呢，则不好意思地跟着大家一起笑。

"大家想和小智一样，上课或晚修时也来上演一出'借师除魔'的好戏吗？"

"不想。"学生笑着齐声回答。

◇后记

接下来，利用课余时间，我分别和那几位爱玩魔方的男生交流，再次郑重提醒他们：老师尊重学生玩魔方的权利，但是玩魔方必须以不违反班规为前提。之后，上课及晚修期间，班上很少出现魔方的踪影了。

幽默工具

本案例中，老师运用了反话正说的幽默工具。

学生无视班规，晚修期间偷偷玩魔方。老师现场抓获后，没有按照常规直接批评教育，而是"赞扬"学生此举是为了主动吸引老师的注意力，借助老师的力量摆脱魔方的控制，进而达到"借师除魔"的目的。老师这种反弹琵琶式的幽默处理，让学生看到了老师的智慧及宽容大度，从而更乐意遵守班规。

26. 神奇的小闹钟
——怎样让学生按时上学

◇ **背景**

有段时间，天气变冷，班上总有部分学生迟到。询问家长后我得知，虽然学生家里有闹钟，但是闹钟响后他们就是起不来。

◇ **目标**

让学生重视迟到的问题，养成按时上学的好习惯。

◇ **准备**

准备三个小闹钟。

◇ **过程**

"同学们，这段时间天气变冷了，睡觉时裹在温暖的被窝里一定很舒适吧？"我看着学生微笑着调侃道。

"是啊！"部分学生笑着回答。

"那么，早上你们能按时起来吗？"我顺势问道。

"能！闹钟响了就起来。"部分学生大声回应，部分学生则沉默不语、若有所思。

"闹钟一响就起来的那些同学真的太棒了，我为你们的自律、自觉点赞。但是最近我们班有个别同学早读迟到，询问家长后我才知道，原来是这些同学家里的闹钟不给力，闹钟的铃声根本就起不到让主人起床的作用。为了解决这个问题，今天我特意为大家带来了三个小闹钟。"我一边说一边把事先放在讲台底下的闹钟拿出来。

"同学们，这三个小闹钟可不简单，它们是三个神奇的小闹钟。"我看着满脸疑惑的学生解释道。

学生都睁大眼睛齐刷刷地看向那三个闹钟。它们分明就是很普通的小闹钟，怎么会是神奇的小闹钟呢？

"为何说它神奇呢？因为它懂人性，是专门用来治疗'起床困难综合征'的。铃声响后，如果看到你没起来，它就会拉拉你的手；如果你还不起来，它就会拉拉你的脚；如果你再不起来，它就会打电话告诉我，你身体不舒服，需要请假休息。"我微笑着解释道。

听到我如此离谱的解释，学生一下子就明白了是怎么回事，纷纷大笑起来。

"现在有请今天早读迟到的小明、小王、小朱三位同学上来领取神奇的小闹钟。你们拿回家免费使用，待它们治愈了你们的'起床困难综合征'后再归还给我。"我边说边邀请他们上来。

三个学生都不好意思地笑了起来，然后一起上来领取了闹钟。

"我们一起为这三位同学鼓掌加油，好吗？"

"好！"学生笑着鼓掌。

后记

第二天，那三个学生没有迟到，归还了闹钟。在接下来的一段时间里，学生迟到的现象大大减少。偶尔有个别学生迟到了，我就让他领取一个神奇的小闹钟，在神奇小闹钟的帮助下，学生一般都能快速改掉迟到的坏习惯。

幽默工具

本案例中，老师运用了夸张及拟人化的幽默工具。

老师让学生领取神奇的小闹钟，把它拟人化，夸张地赋予它非一般的功能，让它来治疗学生的"起床困难综合征"，这让学生感到意外而发笑。这种幽默的处理方式既对迟到的学生进行了委婉的批评，又巧妙地保护了学生的自尊心，让学生积极主动地改掉坏习惯，达到了非常好的教育效果。

27. 消毒酒精
——怎样让学生学会劳逸结合

◆ **背景**

五一假期将至，按照之前的经验，很多学生在假期里都是疯玩，完全不学习。上午备课时，我发现下午的化学课上要讲消毒酒精的浓度问题。我灵机一动，决定结合这个问题，和学生一起探讨假期中该如何合理安排时间。

◆ **目标**

提醒学生假期中玩乐切勿过度，要养成合理分配时间、按照计划行事的良好习惯。

◆ **准备**

提前找三位男生进行秘密演练，准备好消毒酒精。

◆ **过程**

"同学们，我们都知道酒精可以杀菌消毒，但是，大家知道多少度的酒精可以消毒吗？"课堂上，我问学生。

"体积分数为 75% 的酒精。"有学生回答。

"对，消毒酒精的浓度就是 75%。下面有请三位同学上来分别扮演一号、二号、三号病毒，我分别对他们喷洒三种不同浓度的酒精，看看他们有什么样的表现，好吗？"我建议道。

"好！"教室里一片欢呼。

在学生的掌声中，事先进行过秘密演练的三位男生小林、小锋和小李快步走上讲台。

"现在，请大家注意看，我要向一号病毒发起攻击啦，锡哥我使用的秘密武器是浓度为 30% 的酒精。"我边说边向小林喷洒酒精。

小林先是露出痛苦、惊恐的表情，然后一边"呀！呀！"地惨叫，一边围绕着讲台"逃命"，他夸张、卖力的表演惹得大家哈哈大笑。但是 30 秒后，小林恢复了平静，安然无恙地站着。

"同学们，这种酒精的浓度只有 30%，浓度不够，杀不死病毒。"我总结道。

"下面请二号病毒出列，体验一下锡哥手里浓度为 75% 的酒精。"我边说边朝着向前迈出一步的小锋喷洒酒精。

小锋马上露出痛苦万分的表情，全身颤抖，连喊三声"救命啊！"，然后就趴在讲台上一动不动了。

小锋的精彩表演也引得大家哈哈大笑。

"同学们，这就是浓度刚好为 75% 的酒精的消毒效果，病毒一碰就得死。"

听着我的总结，学生再次笑了起来。

"最后，请三号病毒现身。"

小李马上向我举手示意。

"请你来体验一下浓度高达 95% 的酒精吧。"我边说边向小李喷洒酒精。

只见小李身体抽搐，连连惊叫，然后倒了下去。但是，几秒钟后，他又站起来了。他惊喜地大叫："我又复活啦！我又复活啦！"

小李生动逼真的表演再次惹得大家哈哈大笑。

"同学们，酒精浓度过高，反而会使致病微生物的表面形成一层保护膜，阻止酒精进入，最终会影响消毒效果。"我解释道。

"所以，酒精的浓度过低或过高，消毒效果都不好。只有浓度为

75%，消毒效果才是最好的。我们的人生何尝不是如此呢？很多时候，我们做事都需要把握好一个度，只有适当才是最理想的。"

听完我的话，学生若有所悟，纷纷点头。

"例如，接下来的五一假期，我们应该怎样度过呢？我们应该把握好一个度，玩乐有度，当然，学习也要张弛有度，努力做到玩乐、学习两不误。要合理分配学习及玩乐的时间，合理制订假期计划，然后严格按照计划行事，做到劳逸结合，过一个充实愉快的假期。大家有信心做到吗？"

"有！"学生齐声响亮地回答。

◈ 后记

后来，我利用班会课专门引导学生制订了详细、合理的假期计划，不少学生都严格按照计划执行，度过了充实愉快的五一假期。

【幽默工具】

本案例中，老师运用了导演情景巧说理及夸张的幽默工具。

为了提醒学生在假期里切莫玩乐过度，让学生明白凡事要适度的道理，领会合理安排时间、劳逸结合的重要性，老师巧妙地结合学生正在学习的化学知识，和班上三位学生"演员"一唱一和，表演了一出用酒精消毒的好戏。这三位"演员"幽默风趣的夸张表演，让学生在笑声中接受老师的教育引导，取得了良好的效果。

28. 三分钟测试
——怎样让学生养成先浏览试卷再答题的好习惯

◈ **背景**

月考成绩出来后,有个学生拿着刚刚发下来的答题卡边摇头边小声抱怨:"想不到后面还有几道那么简单的题。可惜呀,当时我连题目都没有看呢!"有类似问题的学生纷纷附和。虽然每次大考前都有五分钟检查试卷的时间,但是我发现很多学生拿到试卷后并没有先浏览全卷的习惯。

◈ **目标**

让学生养成先浏览试卷再答题的好习惯。

◈ **准备**

提前打印好三分钟测试题,班上学生每人一份。

◈ **过程**

"同学们,我们来做一个三分钟的小测试吧。为了保证公平,你们在拿到题目后千万不要看,等我发出做题号令后才能看题目。我们来看看哪些同学可以在三分钟内又快又好地完成这个测试,好吗?"班会课上,我手拿一叠测试题,故作神秘地说道。

学生眼中充满期待,纷纷点头表示愿意配合。

接下来,我把测试题快速发下去。待学生都拿到题目后,我马上宣布"开始",然后计时。学生拿起笔,边看题目边奋笔疾书。

很快，三分钟时间到了，我立即大声宣布："时间到，请大家马上停笔。"

学生一片哗然。

"题目太多啦。"

"三分钟怎么可能完成呢？"

"这是一份谁也无法完成的测试题。"

学生苦笑着向我抗议。

"同学们，这份测试题真的如你们所说，谁也无法在三分钟内完成吗？"我笑着对学生说。

"是的！"学生笑着齐声回应。

"好，现在我们一起来看看题目吧。"

接下来，我把测试题用课件展示出来，然后把第1题和最后一题大声地念了出来。

"第1题，请先按顺序阅读完全部题目后再动笔答题。第20题，如果你已经按照第1题的要求用心读完了全部题目，那么不用做第2题至第19题，你只需在本页的背面写上你的姓名就算全部完成了。"

哦，原来有这么一个大坑啊！

我一读完，学生恍然大悟，哈哈大笑起来。

"刚才按要求把题目读完，然后顺利完成测试的同学请举手。"

有9个学生把手举了起来。

"为何很多同学不能按时完成测试呢？他们总是习惯性地直接答题，争分夺秒。就像平时考试一样，试卷发下来之后，我们本应该先快速浏览全卷再答题，但我们却认为此举是浪费时间。结果呢，后面一些容易的题目我们没有时间做。这是多么可惜的事情啊！希望大家以后都能养成做题前先浏览全卷的习惯。"我语重心长地总结道。

学生陷入了沉思。

"但是，老师，我觉得这个习惯很难改呀！"有个学生小声说。

"同学们，我们来做一个叉手游戏，好吗？请把你们的双手伸出来，等一下我数'1''2''3'时,大家就把手指交叉起来,一共做5次。"我说道。

学生开始动起来。

"大家是否发现自己每次手指交叉的姿势都是一样的呢?右手大拇指在左手上面,或者左手大拇指在右手上面。"

"是啊!"

"为什么会这样呢?这就是习惯的力量!现在请大家继续,但手指交叉的方式要和刚才相反,比如,本来左手大拇指在上的改为右手大拇指在上,请连续做5次。"

"大家是否感觉很不习惯呢?"学生做完后,我问道。

"非常不适应。"学生纷纷回答。

"对,改变一个习惯,的确要经历一段不适应期。现在游戏继续,请你们按照上一次手指交叉的方式连续做21遍。"

学生又快速动了起来。

"请大家准备好做最后一次手指交叉动作,随便哪个大拇指在上面都行。"学生完成了21次手指交叉动作后,我继续引导。

"改变了之前的手指交叉习惯的同学请举手。"

十几位同学把手举了起来。

"同学们,经过刚才的训练,居然有不少同学改变了手指交叉习惯。这说明习惯是可以改变的。只要每次考试我们都有意识地先浏览试卷再答题,坚持一段时间后,肯定可以养成良好的做题习惯。大家有信心坚持下去吗?"

"有!"学生齐声回答。

◇ 后记

后来,每次考试前,我都会特意在班上提醒学生一定要先浏览试卷再答题,越来越多的学生逐渐养成了这样的好习惯。

> **幽默工具**
>
> 本案例中，老师运用了巧设陷阱的幽默工具。
>
> 老师想引导学生养成先浏览试卷再答题的好习惯，但并没有采取一般的摆事实、讲道理的教育方法，而是组织了一次三分钟测试。老师巧设陷阱，让学生有了一次深刻的踩陷阱体验。这种做法不仅让学生感受到老师的良苦用心，还让学生深刻地领会到了改掉不良习惯的重要性。

附：三分钟测试题

1. 请先按顺序阅读完全部题目后再动笔答题。
2. 将你的姓名写在本页的左上角。
3. 将第1题中的"全部题目"四个字圈起来。
4. 在本页的右上角画上五个长方形。
5. 在本页背面写上古诗"床前明月光，疑是地上霜"。
6. 在本页的第2题后面再写一遍你的姓名。
7. 在第1题后面写上"是不是"。
8. 把第5题中的"床前明月光，疑是地上霜"圈起来。
9. 在本页的左下角写上班里一个同学的姓名。
10. 如果你喜欢这项测试，请在本页的背面写上"是"；如果你不喜欢，请写上"不"。
11. 请在本页的背面写上你的一个朋友的姓名。
12. 请在本页右边的空白处，随便写上一个你熟悉的明星或伟人的名字。
13. 将第4题中的"本页"这个词语画个方框。
14. 如果你认为自己已经严格地按照试题的要求填写了，请在本页的背面写上"我做到了"，否则就写上"我没有做到"。

15. 请在本页的背面写上你的学校的名称。

16. 请在第 10 题的下面画波浪线。

17. 请在本页的背面写上"我做到第 17 题了"。

18. 请在本页的背面写上"我快完成了，我是按要求做的"。

19. 如果你已经做到这一题了，请在本页的背面写上"我是优胜者"。

20. 如果你已经按照第 1 题的要求用心读完了全部题目，那么不用做第 2 题至第 19 题，你只需在本页的背面写上你的姓名就算全部完成了。

第二辑

学生励志教育

1. 大学生是什么
——怎样激励学生勤奋学习

◎ **背景**

高一刚开学那段时间，部分学生由于经历了紧张的中考备考，完全放松下来，学习时心不在焉。

◎ **目标**

激励学生勤奋学习，为实现自己的大学梦而奋斗。

◎ **准备**

提前打好腹稿。

◎ **过程**

"同学们，现在请大家思考一个问题：我们为什么要上高中？"我开门见山地问道。

"为了考大学。"

"为了成为一名大学生。"

学生纷纷回答。

"那么，大学生又是什么呢？"我故作糊涂，顺势问道。

听到我如此"幼稚"的问题，学生纷纷小声笑了起来。

"大学生就是读大学的学生啊。"班长小朱笑着回答。

"非也，非也。在我看来，大学生嘛，其实就是个子很大的学生。"

我装作很严肃的样子，缓缓地解释道。

听到老师如此荒谬、奇葩的解释，学生都笑了起来。

"锡哥为何这样说呢？因为我发现，最近班上部分同学对学习毫无兴趣，他们每天不认真听课，不按时完成作业，只想吃得好、睡得好。在他们看来，'书山有路勤为径，学海无涯苦作舟'简直就是扯淡。如果说那些勤奋的同学是'衣带渐宽终不悔，为伊消得人憔悴'，那他们则是'衣带渐紧我最棒，为伊吃睡人肥胖'。他们信奉的是：'吃好，睡好，长高个儿，三年后，我就是名副其实的大学生——个子很大的学生。'"

我话音刚落，学生便哈哈大笑起来。

"同学们，你们真的想成为这样的大学生吗？"待学生安静下来后，我郑重地问道。

"不想，这不是大学生，是大笨猪哇！"有个学生笑着回答。

一听到"大笨猪"，学生又是哄堂大笑。

"是啊，懒惰会让人变笨的，勤奋才会让人变得更加聪明。希望我们从今天开始，牢记初心，做刻苦、勤奋的学生，为我们的大学梦而奋斗。大家有信心做到吗？"

"有！"学生齐声响亮地回答。

◇ 后记

班会课后，我又私下逐一和那几个学习懒惰的学生交流，他们都表示今后会努力学习。

（幽默工具）

本案例中，老师运用了"指鹿为马"的幽默工具。

"指鹿为马"在这里作为一种幽默工具，能营造轻松幽默的氛围。

老师把大学生说成是"个子很大的学生"，这听起来挺荒谬的，但是老师真正想表达的意思学生却心领神会。事实上，老师是在告诉学生：切莫成为懒惰的人，学习要勤奋、刻苦。这层意思老师虽未明言，但是通过幽默的表达，学生已经了然于心。这样让学生自己领悟，效果更好。

2. 跳起来
——怎样激励学生认真做课间操

◎ **背景**

有段时间，我发现班上个别男生做课间操时，嫌跳跃动作麻烦，不愿跳起来，导致班级被扣分。

◎ **目标**

激励学生认真做课间操，在做跳跃动作时欢快地跳起来。

◎ **准备**

提前打好腹稿。

◎ **过程**

"同学们，大家觉得我们班的男生足够高大威猛吗？"班会课上，我看着学生突然问道。

学生被这突如其来的问题弄得一头雾水，都抬头愕然地看着我。

"不够。"一位女生小声地笑着回答。

"那么，男生们，你们想拥有高大威猛的身材吗？"我微笑着继续问道。

"想啊！"

"做梦都想！"有位男生笑着回应。

"好的，男生们，今天锡哥就告诉你们一个秘诀吧，你们想听吗？"

"想!"

几位性格外向的男生笑着回答,他们都睁大眼睛看着我,急切地想知道我的葫芦里装的是什么药。

"男生们,你们的班主任锡哥经过多年研究终于破解了一个世界级难题。此难题就是:为何姚明长得那么高大威猛?原来是因为他多年来一直坚持做投篮跳跃动作!"

班主任居然破解了世界级难题?他破解的世界级难题居然是为何姚明长得那么高大威猛?听完我如此夸张的表达,学生哈哈大笑起来。

待学生安静下来后,我继续绘声绘色地说道:"所以,男生们,如果你们想和姚明一样长得高大威猛,每天做课间操时你们就要认真跳跃。"

此时,学生终于领会到了我的真正意图,都哈哈大笑起来。

"此秘诀我只告诉你们,一般人我是绝对不会告诉他的。从明天开始,你们能否不辜负我的一片心意,做课间操时努力、认真地跳起来呢?"

"能!"男生笑着齐声回答。

◇ 后记

第二天,学生从教室出发到操场做课间操之前,我再次在班上提醒:"男生们,等会儿做操时,大家记得按照我的秘诀,努力跳起来哟。否则,我会很伤心、很生气的。锡哥很生气,后果会怎样?"

"后果很严重!"学生笑着回答。

学生做操时,我面带微笑地看着他们。到了做跳跃动作时,我专门站到之前不愿意跳的那几位男生身边,带着他们一起跳。如此坚持了几天,那几位男生的做操情况终于得到了较大的改善。

（幽默工具）

本案例中,老师运用了自夸及夸张的幽默工具。

老师先是自夸解决了世界级难题,然后提出了一个夸张的结论——投篮跳跃可以让人变得高大威猛。老师以夸张的表达引得学生哈哈大笑。接着，老师把所谓的秘诀告诉学生——做操时的跳跃动作可以让男生变得高大威猛，进而引导男生要认真做操。这种做法让学生在笑声中深切感受到了老师的幽默、智慧以及对做课间操的重视，从而更愿意接受老师的引导。

3. 我们班的"首长"
—— 怎样为学生树立榜样

◇ **背景**

新学期开学有一段时间了,班上学生的总体表现不够理想。有的学生表现优异,有的学生的表现则不尽如人意。怎样在班上表扬优秀学生,同时又激励全体学生呢?

◇ **目标**

表扬优秀学生,树立班级榜样,激励全体学生。

◇ **准备**

提前打好腹稿。

◇ **过程**

"同学们,开学后大家的表现都挺好的,大家认同我的观点吗?"班会课上,我问全班学生。

"认同,在老师您的带领下,我们都是最棒的。"有个学生笑着小声回应。

"是啊,大家的表现都挺棒的。例如,我们班的小兰同学,她的表现就非常好,她简直就是我们班的'首长'。"我郑重地说道。

首长?小兰睁大眼睛看着我,其他学生也是一头雾水。

"经过观察,我发现小兰同学经常是首位来到教室早读的人。作为教室的保洁员，每当地上有垃圾时，她经常是首位上去清扫垃圾的人。课堂上我提问的时候，她也经常是首位举手的人。她真的是我们班名副其实的'首长'啊！"我看着学生，微笑着缓缓解释道。

哦，原来是这样！我话音刚落，学生都看向小兰，笑着为小兰鼓掌。小兰也开心地跟着一起笑。

"同学们，像小兰这样的'首长'，值得我们好好学习吗？"待学生安静下来后，我大声问道。

"值得！"学生齐声响亮地回答。

◎ 后记

接下来，我在班上大力表扬学生的良好表现。每次发现学生有良好表现时，我都会抓住机会在班上"狠狠"地公开表扬。在榜样的不断激励下，班上学生的整体表现越来越好了。

（幽默工具）

本案例中，老师运用了相关联的幽默工具。

为了让表扬更吸引人，产生更好的激励效果，老师平时细心观察，把学生日常的优异表现和"首长"关联起来。这种幽默风趣的方式，让被表扬的学生及其他学生印象深刻，能够产生良好的激励效果。

4. 小游戏，大作用
—— 怎样让学生明白办法总比困难多

◇ **背景**

有段时间，经常有学生向我抱怨说老师布置的作业太多了，他们没有办法完成。我让他们自己想办法解决，他们总是说找不到办法。

◇ **目标**

让学生知道，只要努力去做，总能找到按时完成作业的办法。

◇ **准备**

提前和班长进行秘密排练。

◇ **过程**

"同学们，今天我们来玩一个小游戏，好吗？"

"好哇！"学生的热情一下子就被点燃了。

"请大家看一下，我们的班长小骏坐得离讲台远吗？"我看着大家，认真地问道。

"不远哪。"学生先看向坐在第3组第5排的小骏，再看向讲台，纷纷回答。

"不远吗？我觉得挺远的呢！最少也有6000——毫米吧。"我先说"6000"，然后停顿了一下，再说出"毫米"。

学生哈哈大笑起来。

"好，我问大家一个问题：如果现在让小骏从座位那边来到讲台这边，小骏可以用多少种方法？"

"可以走。"

"可以跑。"

"可以跳。"

那些反应快的学生马上抢答起来。

"还可以爬。"一个学生笑着补充道。

其他学生听罢又笑了起来。

"除了走、跑、跳、爬，难道就没有其他办法了吗？"我看着学生继续问道。

学生安静下来，陷入了思考中。

"小骏同学，请你告诉大家，除了走、跑、跳、爬外，你还有其他办法吗？"我问小骏。

"有，至少还有一百种方法。"

小骏此言一出，学生"啊"的一声惊呼起来，他们马上把目光聚焦到小骏身上。

"同学们，现在请看我的太空舞步法。"小骏说罢，马上迈着一种夸张且滑稽的太空舞步走向讲台。

学生都被逗得哈哈大笑。

接下来，小骏又表演了夸张、滑稽的舞剑法（以笔代剑，一边挥舞"微型宝剑"，一边走向讲台）、醉拳法（模仿醉汉，一边打着像模像样的醉拳，一边走向讲台）、大猩猩法（模仿大猩猩的样子走向讲台）。

学生热烈鼓掌，笑声不断。

"同学们，刚才我只是演示了几种方法而已，其他方法我就不演示了。可见，只要我们开动脑筋，方法真的挺多的。例如，我们班有几十位同学，如果我使用牵手法，和不同的同学牵手走过来，就有几十种方法；如果我使用推身法，让不同的同学推着我上讲台，那又有几十种方法。所以，我刚才就说至少还有一百种方法。"演示完毕，小骏站在讲台上郑重地解释道。

教室里响起雷鸣般的掌声。

"同学们,班长刚才的总结太棒了。是啊,办法总比困难多。遇到困难的时候,只要敢于尝试,我们就总能找到克服困难的办法。例如,最近有不少同学向我抱怨说老师布置的作业太多了,根本就没有办法完成。现在,我们马上开启头脑风暴,看看有什么办法可以解决这个问题,好吗?"我语重心长地引导学生。

"好!"学生响亮地齐声回答。

果然,在接下来的热烈讨论中,我们一起找到了不少解决办法。

办法一:课代表和科任老师深入沟通,请科任老师以后布置作业时尽量做到少而精。

办法二:做作业前,学生把所有作业拿出来,根据各科作业的具体情况,把完成每科作业所需要的时间写下来。然后,根据计划的时间,按照先易后难的顺序完成作业,时间一到马上做另一科的作业。最后,那些没有完成的难题,学生可以找时间问同学或者老师。

…………

◇ 后记

经过课代表和科任老师的充分沟通及协调,各科作业基本上都做到了少而精。学生则根据他们讨论出来的锦囊妙计,互相督促,积极行动。经过一段时间的摸索实践,大部分学生的作业完成得比较理想。更可喜的是,不少学生遇到其他困难的时候,坚信办法总比困难多,然后积极主动地寻找克服困难的办法。

幽默工具

本案例中,老师运用了夸张的幽默工具。

一般情况下,为了激励学生主动寻找克服困难的办法,老师会和学生分享一些名人如何主动克服困难并最终取得成功的励志故事。这样做的确会有一定的激励效果。但是,由于之前已经听过太多类似的故事,学生对此很有可能已经"麻木"了。案例中,老师设计了一个小游戏,先提出一个问题,然后让事先安排好的学生上来解决该问题。这种夸张搞笑的方式既逗得学生哈哈大笑,给他们留下了深刻的印象,又触动了他们的心灵,取得了良好的教育效果。

5. 仙人掌守护神
——怎样激发学生的奉献精神

◈ **背景**

办公室里，我在备课，累了，扭扭脖子，忽然看见摆在窗边的一盆仙人掌。哦，我很久都没有给它浇水了，好在它本是耐旱的。但它看起来奄奄一息，于是我赶忙为它浇了水。

我看着它，心中不禁有些愧疚。接下来该怎样处理呢？

◈ **目标**

在班上招募仙人掌守护神，激发学生的奉献精神。

◈ **准备**

提前打好腹稿。

◈ **过程**

"同学们，这是一盆被我忽略的仙人掌，它一直放在我办公室座位的旁边。但是我经常忘记给它浇水，我一直都没有好好照顾它。你们看，它现在长得如此瘦小，我真的是——罪不可恕哇！"我把那盆仙人掌拿到教室里，自我调侃道。

学生看着我，纷纷小声笑了起来。

"为了让它以后茁壮成长，我决定把它搬到我们教室的讲台上来。谁愿意做它的守护神呢？"我问道。

"我！我！"只见小佳第一个举起手来，笑着大声地向我喊道。

"好，它的守护神非你莫属啦！"我向小佳竖起大拇指，赞扬道。

◇后记

在小佳的细心照料下，这盆仙人掌又焕发出了勃勃生机。

这样处理，既救了仙人掌，又培养了学生美好的品质，还为班级增添了绿植，可谓一举三得。更可喜的是，在仙人掌守护神的带动下，学生的奉献精神得到了激发。后来，班上涌现出教室地板守护神、垃圾桶守护神、黑板守护神等，乐于奉献的学生越来越多。

幽默工具

本案例中，老师运用了自嘲的幽默工具。

老师想要激发学生的奉献精神，但没有直接向学生灌输奉献精神高贵等大道理，而是另辟蹊径，在学生面前说自己"罪不可恕"，通过幽默的自我批评把学生逗笑，让学生看到老师的可爱、率真，从而更愿意接受老师的引导。

6. 续写《龟兔赛跑》
——怎样引导学生克服自卑心理，努力拼搏

◇ **背景**

近来，班上不少学生向我反映：他们入学成绩较差，有些自卑，觉得三年后自己肯定考不上好大学。班上弥漫着消极的学习氛围。

◇ **目标**

告诉学生，不要因为入学成绩较差而自卑，只要掌握科学的学习方法并努力践行，我们就可以迎头赶上。

◇ **准备**

提前完成寓言故事《龟兔赛跑》的续写并打印出来。

◇ **过程**

"同学们，大家还记得《龟兔赛跑》这个故事吗？"班会课上，我突然问学生。

"记得，那只骄傲的兔子因为睡着了，最终输给了乌龟。"一个平时表现积极的学生抢着回答。

"大家觉得兔子失败后会服输吗？"

"肯定不会，因为明明是它跑得更快呀！如果我是它，我一定会找乌龟再比一次。"有学生说道。

"是啊，正常来说，兔子肯定会找乌龟再次一决雌雄的。如果它们真

的再比一次,大家认为兔子一定会赢回来吗?"我问道。

"肯定会赢啦!如果再比的话,兔子肯定会吸取上次的教训不再睡觉,乌龟是绝对赢不了的。"有个学生信心满满地回答。

"真的会这样吗?下面请大家一起看我写的《龟兔赛跑》后续故事吧。"我边说边把事先写好的后续故事用课件展示出来,然后念给学生听。

• 《龟兔赛跑》续写 •

话说那次赛跑输给乌龟后,兔子心里非常不甘。它找到乌龟,请求乌龟再和它比一次。乌龟说:"可以呀,但是比赛场地必须由我决定。"兔子心想:"由你决定也行,反正我决不会再睡觉了,我绝对能赢你。"于是就很爽快地答应了。比赛开始后,兔子就像离弦的箭一般向前冲。很快,乌龟就被兔子远远地甩在身后了。兔子以为胜利在望,心里美滋滋的。忽然前面出现了一条大河,而比赛的终点就在河的对岸,但是附近没有桥。兔子不会游泳,只得望河轻叹。过了好大一会儿,乌龟到了。只见它不慌不忙地爬到河里,然后轻松地游过大河,慢悠悠地爬到了终点。见此情景,兔子只好仰头用流行歌曲《小苹果》的曲调哀伤地唱道:"你是我的小呀小克星,怎么怨你都不嫌多。"

歌声一出,学生被逗得哈哈大笑。笑声过后,我继续展示后续故事并念起来。

过了几天,因两次输给乌龟而愤愤不平的兔子又找到乌龟,说:"我们再比一场,场地还是由你来决定,但是前面不能有河。"兔子本以为乌龟不会轻易应战,想不到乌龟想了一会儿后还是答应了。比赛那天,乌龟领着兔子来到一个山顶,指着山下的那棵大树说:"我们比赛的终点就是那棵大树。"比赛开始后,兔子撒腿就跑。无奈兔子的前肢比后肢短,这本有利于跳跃的身体特点反而成了阻碍它下坡的因素,兔子只好小心翼翼地前行。乌龟则不慌不忙地把头和四肢缩进那结实坚硬的龟壳里,变成一个圆盘,然后咕噜咕噜地往山下滚去。正在下坡的兔子速度虽然慢了下来,但是比起乌龟爬行还是快很多,所以,兔子还是坚信自己能赢。离终点还有几米远时,兔子心里乐开了花。这时,它突然看见一个绿色的圆盘正从自己身边滚了过去,直接滚到了终点。兔子吓了一跳,定睛一看,天哪,那不就是乌龟吗?这次,兔子又输了。看着大树下笑呵呵的乌龟,兔子仰天长叹:"既生兔,何生龟!"然后它又用流行歌曲《小苹果》的曲调哀伤地唱道:"你是我的小呀小苦果,怎么恨你都不嫌多。"

学生再次哈哈大笑。

"同学们,在这两次赛跑中,先天基础远比不上兔子的乌龟为何都赢了呢?"待学生安静下来后,我顺势提问。

"因为它会运用智慧呀。"学生纷纷回答。

"虽然我们入学时基础一般,但是只要我们能更智慧地学习,只要我们掌握科学的学习方法,更加刻苦勤奋,我们一定可以像那只乌龟一样迎头赶上。大家对自己有信心吗?"

"有!"学生的回答响亮而整齐。

◇ 后记

接下来,我们在班会课上进行了学习方法大讨论。学生积极发言,总结了不少科学的学习方法。学生还组成了四人学习互助小组及同桌两人学习督促小组。我则定期对表现优异的小组进行表彰。在科学学习理念的引领下,在各个小组的互相激励下,班上的学习氛围越来越浓了,学生对高考也越来越有信心了。

幽默工具

本案例中,老师运用了活用寓言故事及歌曲的幽默工具。

根据学生的具体问题,老师活用学生耳熟能详的寓言故事及流行歌曲,让学生在愉快的氛围中深刻感受到了老师对他们的关心和殷切期望。学生受到了莫大的激励,因此更愿意主动克服困难,挑战自我并战胜自我。

7. 锡哥的普通话
—— 怎样激励学生大胆读英语

◈ 背景

有段时间，英语老师向我反映：早读时，班上部分学生不愿开口读英语。经过调查我了解到，原来部分学生觉得自己的发音不够标准，有些自卑、害羞，所以不敢大声读英语。

◈ 目标

引导学生接纳自身的不足，勇敢地挑战自我、超越自我。

◈ 准备

提前打好腹稿。

◈ 过程

"同学们，这段时间，我听说大家早读时读英语不是很积极，部分同学不敢大声读，有这回事吗？"我直截了当地问道。

"有哇！"有个学生小声回答。

"是不是因为自己的发音不够标准，有些害羞，所以不敢大声读？"

"是啊，是啊！"部分学生快速回应。

"哦，原来是这样啊。锡哥表示非常理解，因为我曾有过类似的经历。大家想听吗？"

"想！"学生齐刷刷地大声回答。

"大家都知道锡哥的普通话很一般。现在，在大家面前我很放得开，虽然普通话不够标准，我却敢大声说出来，你们也听得懂。但是，刚走上教师岗位的那段时间，我却羞于用普通话上课，而是用粤语上课。后来，学校规定教师必须用普通话上课，我只得戴钢盔爬树——硬着头皮上。我至今记得第一次用普通话上课时的情景。那时，我面红耳赤，普通话发音频频出错，颇为尴尬。好不容易熬完一节课，回到办公室后我坐立不安。旁边一位老教师知道了情况后，马上对我进行了一次让我刻骨铭心的教导。他告诉我：'金无足赤，人无完人'，每个人都是不完美的，要接纳自己普通话不标准的事实，私底下加强普通话练习，在学生面前则大方承认自己的不足。在这位老教师的鼓励下，我的心结终于解开了。那天我到另一个班上课时，上得非常轻松。大家想知道我是怎么做到的吗？"

"想！"学生都向我投来了异常期待的目光。

"一开始上课，我就大声对学生说：'有句话说，天不怕，地不怕，就怕广东人说普通话，我觉得还应该加上一句——如果你不信，就来听听锡哥的普通话。'"

我的话音刚落，学生顿时哈哈大笑起来。

"学生听完我这样的开场白后，都笑着为我鼓掌。然后，我就没有什么顾虑了，接下来的课也上得更好了。难道你们不觉得应该为锡哥那时的勇敢鼓掌吗？"

学生又笑了起来，紧接着热烈鼓掌。

"同学们，我为什么要在大家面前回顾那段经历呢？因为我坚信：那些英语发音不标准的同学也可以像锡哥一样，勇敢接纳自己的不足，然后努力挑战自我、超越自我。只要平时多练习标准的发音，大声地读出来，就一定可以战胜困难、取得成功。大家觉得自己能做到吗？"

"能！"学生的声音中充满了自信和力量。

◇后记

接下来，在我的提议下，英语老师和我一起私下找到那几位发音不够标准的学生，对他们进行了有针对性的发音指导，并再次鼓励他们。第二天的英语早读，学生的读书声更加响亮了。

幽默工具

本案例中，老师运用了自嘲的幽默工具。

英国哲学家托马斯·霍布斯说："笑，是发现事物的弱点，联想到自己的某种优越感时那种突然产生的荣耀感。"老师通过自嘲，让学生看到了老师曾经的尴尬，在对比中产生优越感，从而发笑。这也会让学生觉得老师是一个很坦诚且和蔼可亲的人，进而拉近师生之间的心理距离，于是学生更乐意接受老师的教育引导。

总之，自嘲就是把自己的缺点或失败告诉别人，让对方不自觉地产生心理优势，进而产生幽默的效果。只要老师对自己的小缺点或小糗事进行适当加工，就可以找到很好的幽默素材。法国文学家罗曼·罗兰说："世界上只有一种真正的英雄主义，那就是认清生活的真相后依然热爱生活。"懂得自嘲的老师，就是生活中真正的英雄。

8. 打乒乓球的启示
——怎样引导学生制定具体的学习目标

◇ **背景**

有段时间，我发现班上不少学生学习状态比较差，出现学习倦怠。经过调查我发现，主要原因是部分学生没有明确的学习目标，整天浑浑噩噩。

◇ **目标**

让学生明白，目标必须看得见，如此才能激发潜能，取得成功。

◇ **准备**

准备一张乒乓球台（由两张桌子拼成）、两个乒乓球拍及一个乒乓球，提前和班上两位乒乓球高手小冯和小文打好招呼。

◇ **过程**

"同学们，今天我们准备举行一场宇宙超级无敌乒乓球表演赛。"我拿起两个乒乓球拍大声宣布。

"乒乓球表演赛？"

"还是宇宙超级无敌的？"

学生都惊讶地看着我。

"现在，让我们以热烈的掌声欢迎小冯和小文上来为我们表演。"

在大家的掌声中，小冯和小文快速走上来接过乒乓球拍。

"首先，请小冯和小文进行无球比赛表演。"

居然还有无球比赛？学生都蒙了，齐刷刷地盯着小冯和小文。

接下来，小冯和小文挥动着乒乓球拍，表演起推挡球来。只见他们刚开始的动作还是有模有样的，但是三分钟后，他们开始表现得不耐烦了，动作开始变形。最后，他们就像泄了气的皮球，手中的乒乓球拍仿佛铅球一般沉重，动作变得像慢镜头回放一样夸张且滑稽可笑。看到此情景，学生都忍不住哈哈大笑起来。

"好的，接下来进行有球比赛表演。"待学生安静下来后，我又宣布。

小冯和小文接过我手中的乒乓球，兴致勃勃地推挡起来。由于他们已经具备了一定的基础，所以他们的动作显得非常娴熟。三分钟过后，他们依然表现得神采飞扬。

"同学们，刚才两位同学表演打乒乓球，为何无球时和有球时的表现会有如此大的差异呢？"待小冯和小文的表演结束后，我意味深长地问学生。

"没球时没有目标哇！"

"有球时才有明确的目标！"

学生争着回答。

"对，有了具体的目标才有动力呀。就打乒乓球来说，如果没有乒乓球，我们就失去了挥拍的原动力。其实，学习何尝不是这样呢？上大学肯定是我们学习的目标，但是这还不够具体。我们应该把每天的学习目标具体化，每天都要为自己确立具体的、看得见的目标，如此才能激发潜能，取得成功。大家愿意从今天开始，每天早上都把自己当天要完成的具体目标写下来，然后努力完成吗？"

"愿意！"学生齐声响亮地回答。

◇ 后记

后来，在我的定期提醒及督促下，班上不少学生开始尝试每天都制定自己当天要完成的学习目标。他们在学习中找到了成就感，学习状态变得越来越好。

> **幽默工具**
>
> 本案例中，老师运用了夸张及相关联的幽默工具。
>
> 为了让学生充分认识到制定具体、明确的学习目标的重要性，老师组织了一场别开生面的乒乓球表演赛，巧妙地把乒乓球和具体、明确的学习目标关联起来，让学生在欢愉的气氛中深刻反省自我并领会老师的良苦用心，取得了良好的教育效果。

9. 老鼠和猫
——怎样激发学生大声读书的热情

◇ **背景**

有段时间，我发现班上小部分学生早读和晚读的声音很小，他们没有读书的热情，甚至误认为大声读书是浪费时间。

◇ **目标**

让学生认识到大声读书的重要性，激发学生大声读书的热情。

◇ **准备**

提前打好腹稿。

◇ **过程**

"同学们，下面我们一起来玩一个游戏，好吗？"班会课上，我提议道。

"好！"学生眼中充满期待，大声回应。

"游戏开始，现在请大家集体快速齐声念21遍'老鼠'这两个字。"我说。

"老鼠、老鼠……"学生满脸惊讶地齐声念着，语速越来越快。

"现在请大家用同样的方式念21遍'鼠老'这两个字。"我继续说道。

"鼠老"？教室里一片哗然，很多学生情不自禁地笑出声来。在笑声中，学生快速地念了21遍"鼠老"。

"来，请大家大声告诉我：猫怕什么？"等大家停下后，我突然用很严肃的语气问道。

"老鼠！"学生齐声响亮地回答。

"猫怕什么？"我继续问道。

"老鼠！"这次学生的热情更高了，而且很多学生都笑了起来，他们也许在想：老师怎么会问这么幼稚的问题呢？

大概十秒钟后，全班学生哄堂大笑。他们终于发现，他们今天都被老师"骗"了，猫怎么会怕老鼠呢？应该是老鼠怕猫哇！

"同学们，你们知道问题出在哪里吗？因为多次重复，'老鼠'已经渗透至你们的潜意识中。当我突然向你们提问时，你们就会脱口说出'老鼠'这一答案。虽然这是错误的，但你们还是给出了这样的答案。"看着学生疑惑的眼神，我缓缓地解释道。

"同学们，若将这个游戏与我们的早读和晚读联系在一起，大家能否得到一些启发？"

听完我的提问，学生陷入了沉思。

"锡哥我得到的启发是，如果我们想要牢牢记住语文、英语等学科要求识记的内容，就必须把它们输入我们的潜意识中。这就需要我们认真大声地读，一遍一遍地读，就好像刚才我们读'老鼠'及'鼠老'一样，直到把它们植入我们的潜意识中。大家觉得我说的有道理吗？"我总结道。

"有！"学生恍然大悟，纷纷笑着大声回应。

"之前，我们班上总是有一部分同学不喜欢开口读书。希望从今以后，我们都可以大声朗读。大家有信心做到吗？"

"有！"学生齐声回应。

◆ 后记

后来，我乘胜追击，继续开班会和学生分享大声读书的种种好处。

我也经常在班上公开表扬那些认真大声读书的学生。在接下来的一段时间里，班上的读书氛围变得越来越好。

> **幽默工具**
>
> 　　本案例中，老师运用了巧设陷阱的幽默工具。
>
> 　　面对学生读书不积极的问题，老师没有采取一般的摆事实、讲道理的教育措施，而是设计了一个陷阱：先让学生分别齐声念21遍"老鼠"和"鼠老"，待"老鼠"已经植入学生的潜意识中后，马上问学生"猫怕什么"。老师采用巧设陷阱的方式，让学生在欢愉的氛围中深刻领会到大声读书的重要性。

10. 一道计算题
——怎样让学生珍惜晚修的学习时间

◇ **背景**

一天，值日老师向我反映：晚修时间，班上有个别学生无所事事，或者东张西望，或者传纸条……

◇ **目标**

引导学生珍惜晚修的学习时间，努力利用晚修时间高效完成各科作业。

◇ **准备**

提前打好腹稿。

◇ **过程**

"同学们，现在我们来完成一道计算题。"晚修开始前，我来到教室里以调侃的语气说道。

做计算题？学生好奇地看着我，急切地想知道我的葫芦里装的究竟是什么药。

"题目就是，我们每天晚修的时间有多少？"

"太简单啦，从晚上七点二十分到晚上九点五十分，一共是两个半小时。"有个学生抢着回答。

"对，一共是两个半小时。大家觉得两个半小时够长吗？"

"不长，作业太多了，我们无法完成全部作业。"有个学生开始诉起苦来。

"不长？我倒是觉得时间足够长。两个半小时一共是150分钟，150分钟足足有9000秒。9000秒哇，还不多吗？足够多了。晚修时间真的太充裕了，我们真的没有必要争分夺秒写作业，觉得无聊就找周围同学聊聊天吧。聊天会发出声音，可能会被值日老师发现？那就传纸条嘛。传纸条也不安全？偷偷玩玩笔也挺不错的。玩笔太累？那就端端正正地坐着发呆吧，发呆绝对安全。反正晚修的时间足够多，我们一定要好好利用起来，一定要让自己过得舒舒服服的，千万不要累坏了自己哟。"

不会吧，班主任居然动员我们晚修时偷懒？学生先是觉得不可思议，惊愕得张大了嘴巴，然后马上明白了我的意思。我话音刚落，教室里已经笑声一片。

"老师，您就饶了我们吧！如果按照您说的那样做，我回家后就是悬梁刺股也无法完成作业呀！"学习委员小兰笑着抗议。

"是啊，是啊！如果我们天天晚修都像老师您说的那样做，那我们的大学梦就成了'白日梦'啦！"班长小新也笑着回应。

"是的，你们说的非常有道理，锡哥刚才说的是反话。其实，我们高中生的学习任务真的太重了，每天要完成的作业甚至可以用'堆积如山'来形容。晚修的那两个半小时对我们来说非常宝贵。希望大家从今以后一定要利用好晚修的每一秒钟，晚修前一定要把要完成的作业整理出来，摆放到桌面上，然后按照顺序逐一限时完成，好吗？"待学生安静下来，我缓缓地、严肃地说道。

"好！"学生大声回应。

◇后记

经过这次非同一般的晚修动员后，我进一步进行个别跟踪教育，不少学生开始有意识地努力提升自控力，他们互相督促，互相提醒，努力利用晚修时间完成更多作业。

幽默工具

本案例中，老师运用了反话正说的幽默工具。

学生晚修期间不懂得珍惜时间，老师如果采取一般的说教方式，直接强调时间宝贵，引用"明日复明日，明日何其多。我生待明日，万事成蹉跎"等名言警句来教育学生，极有可能是低效或无效的，因为这些道理可谓尽人皆知，学生早已烂熟于心。老师另辟蹊径，反弹琵琶，表面上让学生偷懒，实际上是引导学生珍惜时间。老师用学生意料不到的反话正说的方式引得学生大笑，通过创设幽默的气氛拉近师生之间的心理距离，这样学生更乐意接受老师的教育引导。

11. 加油与给力
——怎样激励学生在校运会上奋力拼搏

◇ **背景**

一年一度的校运会马上就要开始了，以往我都会在班上提前动员，这次我决定采用幽默的方式激励学生。

◇ **目标**

激励学生在校运会上奋力拼搏，勇创佳绩。

◇ **准备**

提前打好腹稿。

◇ **过程**

"同学们，明天学校的运动会就要开幕了，'大战'在即，大家准备好了吗？"

"准备好啦！"学生欢呼。

"以往这个时候，我都会为大家加油，今天我就不对你们说'加油'了。"我看着学生，话锋一转。

班主任居然不为学生加油了？学生都露出愕然的表情。

"因为最近油价又涨了，锡哥近来开销太大，快变成穷光蛋啦，没钱加油了。所以，我只能对你们说'给力'了。'给力'不用花钱，而且我现在的力量还是足够的，你们要多少我就给多少。"我缓缓地解释道。

哦，原来是这样！学生明白过来后，都哈哈大笑起来。

"同学们，让我们一起大喊'给力'，好吗？"

"给力！给力！给力！"学生挥舞着拳头高喊。

◇ 后记

接下来，我们组建了"给力啦啦队""给力后勤组"。在运动会上，学生的表现真的很给力，我们班取得了不错的成绩。

幽默工具

本案例中，老师运用了自嘲的幽默工具。

为了让运动会之前的加油鼓劲更有创意，老师另辟蹊径，不按常理出牌，而是自嘲快变成穷光蛋了，没钱加油，所以只能用"给力"鼓励学生。这种做法既让学生体会到了老师的可爱及幽默，又极大地激发了他们奋力拼搏的热情。

12. 玩火比赛
—— 怎样引导学生多看有价值的书

◎ 背景

有段时间，我发现班上有个别学生在偷偷看一些玄幻小说。

◎ 目标

让学生知道阅读有营养的书的重要性，引导学生平时多看一些对自己的成长有帮助的书。

◎ 准备

提前准备好滤纸、酒精灯、纯净水、硅酸钠溶液等实验用品，提前和两位男生打好招呼。

◎ 过程

"同学们，今天我们举行一次玩火比赛，好吗？"我提着一篮子实验用品走进教室，提议道。

"玩火？好哇！"学生急切地想知道我的葫芦里装的是什么药，纷纷笑着回应。

"同学们，这是两片滤纸，这是两杯水，滤纸用水浸泡后还能不能燃烧起来？"

"不能。"

"能。"

学生纷纷争着回答。

"究竟能不能呢？现在请两位不怕火烧的'敢死队员'上来比试一下。"我向学生发出邀请。

只见男生小伟和小彬立马站了起来，在大家的掌声中快步走上讲台。

待我把实验用品摆上讲台后，两位男生马上开始进行玩火比赛。只见他们分别拿起一张滤纸，放入各自的盛有水的烧杯中浸泡了十秒钟。然后，用镊子将滤纸夹起来，移到酒精灯的火焰上烤了起来。他们都伸出左手，将手掌心对着滤纸，夸张地摆出"发功"之状，那滑稽的动作惹得大家哈哈大笑。

一开始，两张浸湿的滤纸都没有动静，很快滤纸上的水分就蒸发掉了。只见小伟的那张滤纸突然燃烧起来，小伟马上紧张起来，伸出的左手也颤抖起来，作加大功力之状，动作更加夸张，学生又笑了起来。那火焰越来越大，最终那张滤纸全部被烧掉了。此时小彬的那张滤纸虽然边角上出现了黑灰，却始终没有出现火焰，终究没有烧起来。

"同学们，看来小彬同学有神功护体啊！大家以后遇到怪兽时，记得找小彬帮忙哟！只要小彬一发功，怪兽根本无法靠近。"比赛结束后，我看着小彬说道。

学生纷纷笑起来，小彬也开心地跟着笑。

"然而，现实是残酷的，小彬其实并没有神功。大家想知道小彬的那张滤纸的秘密吗？"待学生安静下来后，我缓缓地问道。

"想！"学生睁大眼睛看着我，急切地想知道答案。

"其实，小彬的那个烧杯里装的不是纯净水，而是加入了硅酸钠的水，硅酸钠可做防火剂。小伟的那个烧杯里装的则是纯净水。"

"啊！原来是这样。"有个学生惊叹道。

"有些课外书就像那杯纯净水，没有什么营养；有些课外书则像那杯加了硅酸钠的水一样，用处很大。所以，我们平时一定要选择对自己有帮助、有价值的书来读。"我意味深长地说道。

这一刻，学生终于明白了我设计玩火比赛的真正意图，频频点头表示认同。

◇ 后记

在接下来的班会课上，我们一起讨论了两个问题：哪些课外书没有营养？哪些课外书有营养？最终我们得出了一致的结论：很多玄幻小说营养很少，甚至没有营养，我们不应该浪费时间去阅读；中外名著久经考验，具有丰富的营养，我们应该多多阅读。然后，经过讨论、表决，我们一起制定了一条新班规：以后如果有人在教室里看玄幻小说，一律没收。

在严格执行班规没收了两本玄幻小说后，班上几乎没有人再看玄幻小说了，看中外名著的学生越来越多了。

幽默工具

本案例中，老师运用了导演情景巧说理及夸张的幽默工具。

发现学生在教室里偷偷看玄幻小说后，如果采取直截了当的教育方式，宣布禁止学生看此类书籍，极有可能会引发学生的逆反心理。老师巧妙地结合化学实验，导演了一出"玩火比赛"的好戏。在比赛过程中，学生夸张的表演引得大家哈哈大笑。这在创设愉快的课堂气氛的同时，让学生深刻领会到老师的良苦用心，从而更愿意接受老师的教育引导。

13. 教室铭
——怎样让学生爱上早读

◇ **背景**

春天来临，学生普遍容易犯困。早读的时候，有些学生更是处于"半梦半醒"状态，读书的声音很小。

◇ **目标**

幽默地批评学生早读时糟糕的表现，让学生爱上早读。

◇ **准备**

提前写好《教室铭》，搜集读书的好处。

◇ **过程**

"同学们，经过细心观察，我发现这几天我们班的早读真的太精彩了。看着大家早读时的优异表现，锡哥我感慨万千，于是挥笔写下了一篇可能会'惊天地，泣鬼神'的文章，大家想看吗？"班会课上，我故作神秘地说道。

这几天早读明明很糟糕哇，班主任怎么会说很好呢？他居然为此写了一篇文章，而且是"惊天地，泣鬼神"的文章？

学生面面相觑，不知道我的葫芦里装的究竟是什么药，都惊讶地看着我。

在大家疑惑的目光中，我把事先写好的《教室铭》展示出来，再一字一句地朗读起来。

> **·教室铭·**
>
> 　　声不在高，嘴动就行；读不在声，有心则灵。斯是教室，惟吾不拼。睡意传得快，眼皮半睁开。琢磨快下课，寻思趴台睡。可以闭上眼，说梦话。无朗读声之乱耳，无背诵之苦心。虽非发梦，堪比梦中游。锡哥云：半梦半醒。

看着我模仿刘禹锡的《陋室铭》所作的《教室铭》，学生一片哗然。我的朗读声响起后，学生屏息静听。我读完后，教室里笑声雷动。待笑声过后，学生陷入了沉思。

"同学们，大家喜欢这样的早读情景吗？"我郑重地问道。

"不喜欢。"学生齐声回答。

"为什么不喜欢？"我继续问。

"这样读书没有效果。"

"半梦半醒，睡又睡不好，读又读不好，浪费时间。"

"浪费生命。"

学生纷纷回答。

"是啊，这样早读真的太糟糕了。是时候改变了，早读时间就应该好好读书。大家想知道大声读书有哪些好处吗？"

"想！"

接下来，我把事先从网络上搜集的大声读书的种种好处用课件展示出来，再大声念出来。

> **·大声读书的好处·**
>
> 　　第一，大声读书有利于右脑的开发。大声读书不但会把文字变成声音，而且伴以节奏、韵律、形象、情感，这会让人产生一种美的体验，进而很好地开发和训练右脑。

第二，大声读书能使人的性格变得更加开朗。

第三，大声读书能兴奋脑神经。坚持大声读书，大脑会变得灵活好用，记忆力、注意力等能得到提高。

第四，大声读书有利于提高个人写作能力。大声读书是一种高效的学习过程。只有大声读书，我们才能真正感受到文章的音韵美、节奏美、气势美，才能深刻体会文章的起承转合。

"哇！想不到大声读书居然有这么多好处。"
"我们一定要大声读书！"
学生听罢纷纷感叹道。

◎后记

接下来，经过热烈讨论，我们制定了新的早读班规：每天先站着读五分钟，再坐着读。同时，在班上设置"最美朗读者"奖。班主任不定期到教室里巡视大家的早读情况，然后根据学生的读书表现，每周评选一次，并在班会课上进行隆重的表彰。

之后，班上的早读情况逐渐得到了改善，学生的精神状态也开始有了好转。

幽默工具

本案例中，老师运用了活用名篇的幽默工具。

学生对很多文学名篇耳熟能详，活用名篇是提升幽默感的一种重要途径。当我们结合学生的实际表现，把学生很熟悉的名篇转化为生动活泼、诙谐幽默、妙趣横生的语言时，当我们借助某种违背正常逻辑的想象和联想，把适用于某种环境、现象的词语用于另一种截然不同的环境、现象时，就会让学生产生新鲜、奇异、生动的感觉，从而产生幽默效果。

案例中，面对学生由春困等导致的糟糕的早读表现，老师没有大发雷霆，而是先巧妙地将名篇《陋室铭》改编成《教室铭》，让学生在笑声中体会到老师的良苦用心，进而进行深刻的自我反思。然后，老师顺势出示搜集的资料，让学生充分认识到大声读书的诸多好处，引导学生爱上读书。最后，老师设置了个人读书奖项，以激发学生的内动力。这些做法取得了不错的教育效果。

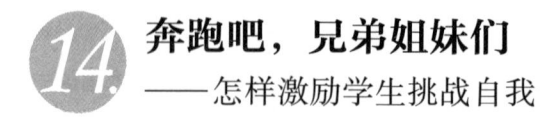

14. 奔跑吧，兄弟姐妹们
—— 怎样激励学生挑战自我

◎ **背景**

天气开始变热，有些学生对大课间长跑颇有微词。他们抱怨跑步时出汗多，导致身体不舒服。

◎ **目标**

激励学生挑战自我，做勇敢的"跑男""跑女"。

◎ **准备**

提前打好腹稿。

◎ **过程**

"同学们，这段时间部分同学好像对大课间跑步很有意见，是吗？"来到教室里，我环顾四周，直接问学生。

"是啊，天气变热了，出汗的感觉太难受了。"有个学生快速回应。

"对，出汗的感觉真的不好。不跑吧，大家留在教室里，人人都昏昏沉沉的，人人都争着去见周公。这样不但违反学校统一跑步的规定，课堂效率也低。跑吧，大家虽然会精神振奋，但是很辛苦，会出很多汗，好像刚刚从蒸笼里跳出来一样难受。那我究竟是让大家跑，还是不让大家跑呢？我太难了！"

学生听到我用极度为难的语气蹦出那句网络流行语"我太难了"时，

纷纷笑了起来。

"同学们，孟子曰：'鱼，我所欲也；熊掌，亦我所欲也。二者不可得兼，舍鱼而取熊掌者也。'今天，我们面临的问题是：不跑，我所欲也；跑，我不得不为也。二者不可得兼，我们应该如何取舍？"待学生安静下来后，我以商量的语气问道。

学生完全没想到老师居然把孟子搬出来了，于是哈哈大笑起来。

"大家说说，我们究竟应该怎么办呢？"我郑重其事地问道。

"老师，我认为还是跑吧，因为跑起来可以让我们的身体及精神状态更好，而且这是学校统一规定的！我们可以向学校反映，调整一下速度。只要跑慢一点儿，出一点点儿汗是没有什么大碍的。"这时，体育委员站起来发表意见。

"大家同意体育委员的意见吗？"

"同意！"全班学生齐声回答。

"好的，那从明天开始，我们继续努力，挑战自我，做更勇敢的'跑男''跑女'。奔跑吧，兄弟姐妹们，让我们以热烈的掌声为自己加油，好吗？"

"好！"教室里掌声雷动。

◇ 后记

后来，我们调整了大课间跑步的速度，学生跑得更整齐，也更积极了。

幽默工具

　　本案例中，老师运用了活用网络流行语的幽默工具。

　　熟悉感是产生幽默效果的一种机理。老师的话如果学生非常熟悉，可能就会引发学生强烈的共鸣，进而产生幽默的效果。案例中，当老师说出了学生未曾说出的心声，然后活用大家熟悉的网络流行语"我太难了"时，学生因为熟悉而会心一笑，也会更深刻地感受到老师对他们的理解及宽容，从而更乐意接受老师的引导。

15. 高中之歌
—— 怎样激励学生为考上理想的大学而奋斗

◇ **背景**

高二分班后，个别学生依然像读高一时那样比较懒散，学习松懈，高考目标不明确。

◇ **目标**

激励学生挑战自我，为考上理想的大学而奋斗。

◇ **准备**

提前把根据歌曲《童年》改编的《高中之歌》的歌词打印出来。

◇ **过程**

"同学们，正所谓'光阴似箭，日月如梭'，一眨眼，我们就告别高一，进入高二了。现在，请大家回忆一下，我们究竟是怎样度过高一的呢？"班会课上，我突然问学生。

"天天在拼命写作业，痛苦哇！"有个学生哀叹道。

"参加了很多校园活动，快乐呀！"有个学生赞叹道。

"锡哥我观察后发现，个别同学的生活其实和一首《高中之歌》的第一段歌词所描写的情景相同，大家想听锡哥把它唱出来吗？"

"《高中之歌》？想听啊！"有个学生充满期待地喊道。

接下来，我把《高中之歌》的第一段歌词展示出来，然后大声唱了起来。

> 坐在教室的椅子上,像只熊猫一样晕晕乎乎。眼前老师讲的数学题,总是让我觉得烦烦。早晨总是起不来,总是眯着眼睛再度进入梦境。等待着下课,等待着午饭,走过无聊的高一。

学生看着夸张却似曾相识的歌词,听着我不咸不淡的歌声,都忍不住小声笑了起来。

"同学们,大家觉得这些歌词所描写的内容有夸大的嫌疑吗?"唱完一段,我问大家。

"有一点儿夸大。"

"没有夸大,简直就是我的真实写照。"

"高一时我几乎就是这样度过的。"

学生纷纷答道。

"同学们,高一时我们已经蹉跎了岁月,高二、高三,我们还打算继续这样蹉跎下去吗?"

学生陷入了沉思,教室里一片安静。

"如果接下来我们还不痛定思痛、亡羊补牢,我们在高考中就无法取得理想的成绩。高考失败后,我们的《高中之歌》的歌词就会变成这样。"我一边说一边把《高中之歌》的第二段歌词展示出来,然后哼唱起来。

> 痛定思痛太迟了,看着高考分数无限懊悔。回忆起数学物理英语,当时无心听课的我真的太无知。心中的那个梦想,永远都无法实现。曾经的懒惰,曾经的颓废,如今只有冷风做伴。

听我哼出如此"悲惨不堪"的歌词,部分学生先是忍不住小声笑起来,然后陷入了沉默,教室里一片安静。

"同学们，大家真的希望到时以懊悔、悲痛的心情来面对高考的失利吗？"

"不希望。"学生齐声答道。

"那么，我们是否应该从今天开始为实现自己的高考目标而奋斗？"

"应该！"

"很好，请大家站起来，让我们一起宣誓：我决心从今天开始为实现自己的高考目标而奋斗！"

"我决心从今天开始为实现自己的高考目标而奋斗！"学生都站了起来齐声宣誓，那洪亮的声音顿时响彻教室。

◇ 后记

后来，通过一系列班会课，我引导每个学生制定了具体的高考奋斗目标，鼓励学生互相提醒、互相督促。同时，通过分享优秀学长的成功故事，让学生认识到努力的重要性，不断激发学生学习的动力和勇气。

幽默工具

本案例中，老师运用了活用歌曲的幽默工具。

首先，老师通过改编的一段歌词让学生回顾之前的学习状态，以这种幽默的方式提醒学生深刻反思以前的不足。然后，用另一段改编的歌词再次幽默地提醒学生：如果现在还不开始努力，接下来将要面对高考的失败，后果将会很严重——只有冷风做伴。待学生明白必须开始努力后，老师顺势通过集体宣誓的方式激励学生，为后续的引导打下了坚实的基础。

16. "瓷开得胜"
——怎样进行考前动员

◆ **背景**

期末考试即将来临,学生进入自主复习阶段。在连续自习了几天后,部分学生显得无精打采、疲惫不堪。

◆ **目标**

振奋学生的精神,为他们注入强劲的备考动力,激发他们的备考热情。

◆ **准备**

提前打印好化学版《青花瓷》的歌词。

◆ **过程**

"同学们,过几天就要期末考试了,我祝愿大家旗开得胜。"离上午放学还有几分钟时,我说道。

"老师,到时您记得要穿旗袍哟!"部分学生笑着打趣道。

其他学生也小声地跟着一起笑。

老师穿旗袍?这正是我想要的回应。

"哦,你们的锡哥乃堂堂男子汉大丈夫,穿上旗袍难免有失文雅。这样吧,今天我就用实际行动来祝愿大家'瓷开得胜'。"我边说边板书"瓷开得胜"。

"瓷开得胜"？学生都睁大眼睛看着那四个字，然后看向我，急切地想知道我的葫芦里装的是什么药。

"同学们，现在我要为大家带来一首化学版《青花瓷》，祝愿大家考试'瓷开得胜'！"我一边解释一边把化学版《青花瓷》的歌词用课件展示出来。

化学版《青花瓷》

蓝色絮状的沉淀，跃然试管底

铜离子遇氢氧根，再也不分离

当溶液呈金黄色，因为铁三价

浅绿色二价亚铁把人迷

电石偷偷去游泳，生成乙炔气

点燃后变乙炔焰，高温几千几

逸散那二氧化碳

石灰水点缀白色沉底

苯遇高锰酸钾，变色不容易

甲苯上加硝基，小心TNT

在苯中碘分子的紫色多美丽

就为萃取埋下了伏笔

电解池电解质，通电阴阳极

化合价有高低，电子来转移

精炼了铜铁锌锰镍铬铝银锡

留下阳极泥

稀释那浓硫酸，浓酸入水滴

沿器壁慢慢倒，搅拌手不离

浓酸沾皮肤立即大量水冲洗

涂抹上碳酸氢钠救急

甘油滋润皮肤，光滑又细腻

> 熟石灰入土地,酸碱度适宜
> 看那酸红碱紫的试纸多美丽
> 你眼带笑意

"好!"学生齐声高喊,热烈鼓掌。

在学生满怀期待的目光中,我缓缓地唱了起来。

一曲唱罢,教室里再次响起了雷鸣般的掌声。

◎后记

下午,学生的精神状态明显好转。我乘胜追击,在下午放学前带领全班学生一起合唱化学版《青花瓷》,再次激发学生的备考热情。

幽默工具

本案例中,老师运用了活用成语的幽默工具。

根据歌曲名称,老师巧妙地把旗开得胜活用为"瓷开得胜",然后现场为学生高歌一曲。这种幽默、新奇的方式赢得了学生热烈的掌声,让学生深切地感受到了老师对他们的关心和期望,达到了非同寻常的激励效果。

17. 一年后,又是一条好汉
——怎样鼓励学生乐观面对统考

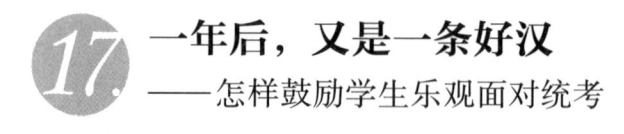

◎ **背景**

高三第一次统考即将到来,班上个别学生出现焦虑情绪,担忧自己会考砸,甚至有学生为此寝食不安。

◎ **目标**

鼓励学生以平常心面对统考。

◎ **准备**

提前打好腹稿。

◎ **过程**

"同学们,高三第一次统考即将到来,大家期待吗?"我微笑着问学生。

"期待!"

"不期待!"

"有点儿害怕呀!"

"很焦虑哟!"

"担心考不好,怎么办?"

学生七嘴八舌地回答。

"同学们,根据锡哥的分析,这次统考可能有两种结果:一种是成绩进步了，一种是成绩退步了。如果成绩进步了，那么我们现在焦虑什么呢？如果成绩退步了，也有两种可能：一种是退步一点点儿，一种是退步比较大。如果只是退步一点点儿，是很正常的，我们现在焦虑什么呢？如果退步比较大，可能有两种结果：一种是痛定思痛、亡羊补牢，对知识点进行查漏补缺，然后在下次统考中取得成功，最终取得高考的胜利；一种是从此一蹶不振，最终在高考中失利。如果通过查漏补缺，我们最终取得了高考的胜利，那么现在我们就没有什么好担心的。就算高考失败了，我们也不必过于焦虑，大不了复读一年，正所谓'一年后，又是一条好汉'！"

"一年后，又是一条好汉"？此话一出，学生都笑了起来。

"同学们，现在大家能以平和的心态去面对即将到来的统考了吗？"

"能！"学生大声回应。

◇后记

接下来，我专门找到那几位焦虑情绪比较严重的学生私下交流和疏导，教给他们一些放松身心的方法，例如睡前的深呼吸法、冥想法等。

幽默工具

本案例中，老师运用了活用俗语的幽默工具。

面对学生因为担心统考成绩不好而焦虑的问题，老师没有采取一般的应对措施进行干预，而是通过具体的分析，将学生焦虑的问题具体化、清晰化，让学生明确：这其实没有什么好焦虑的。最后，老师将俗语"十八年后，又是一条好汉"活用为"一年后，又是一条好汉"，以此激励学生。这样的黑色幽默给予学生精神安慰，有效地缓解了学生考试前焦虑、紧张的心理。

18. 找到那只激励自己的"棕熊"
——怎样让学生相信自己的潜能

◎ 背景

高三第一学期,经历了几次月考,个别学生发现自己的成绩进步不大,于是出现消极情绪,觉得自己再努力学习也很难有突破。

◎ 目标

让学生相信自己的潜能,相信只要用科学的方法学习,不断努力,学习成绩肯定会得到提升。

◎ 准备

从网上下载一张棕熊追赶自行车赛选手的图片并打印出来,提前打好腹稿。

◎ 过程

"同学们,这个学期的几次月考已经结束了,我们马上就要进入高三的第二轮复习了。大家对自己下一阶段的成绩提升有信心吗?"我微笑着问学生。

"没有。"有些学生小声地回应,其他学生则沉默不语。

"有些同学说没有信心,对此我表示理解。这些同学因为几次月考的成绩都没有什么起色,难免会心灰意冷。但是我们真的没有希望了吗?非也。其实,我们还有很多潜能没有被激发出来,我们现在只是缺少一只会吃人的棕熊而已。"我郑重地说道。

"缺少一只会吃人的棕熊？"学生惊讶不已，不知道我的葫芦里装的究竟是什么药。

"对，我们只是差了一只会吃人的棕熊。据说，在一次自行车比赛中，第一名的成绩居然打破了世界纪录，主办方怀疑有猫腻，于是调取沿途的监控查看，这才发现真相。原来，这名选手在比赛途中被一只棕熊追了十几公里，他不得不拼尽全力蹬车，最终创造了奇迹。"我边说边把相关图片用课件展示出来。

学生看到那张棕熊追赶参赛选手的图片，听了我的解释，纷纷笑了起来。

"其实人的潜能真的挺大的，这位选手不正是被棕熊激发出了自己的潜能吗？可以说，他所取得的成绩也有棕熊的一份功劳哟！"

听我这样说，学生再次哈哈大笑起来。

"同学们，这则网络新闻对我们的学习又有什么启示呢？"待学生安静下来后，我郑重地问道。

"我们的学习潜能还没有完全被激发出来，后面我们要继续努力，充分发挥我们的潜能。相信经过第二轮复习，我们的成绩一定可以得到提升。"班长站起来回答。

"对，班长说得非常好。那么，激发我们潜能的那只'棕熊'究竟是什么呢？"我顺势问道。

"是我们的高考目标。"

"是我们的人生理想。"

学生纷纷回答。

"那么，我们应该采取哪些具体的行动呢？"

"准备一个错题本，确保做错的题以后不会再错。"

"平时不懂就问，可以问老师，也可以问同学。"

……

学生积极讨论，各抒己见。

◇ **后记**

接下来，我们成立了学习竞赛小组，让各个小组互相竞争，让小组内部成员互相帮助、互相激励，努力在班上营造你追我赶的学习氛围。在大家的努力下，不少学生的学习成绩有了一定的进步。

幽默工具

本案例中，老师运用了活用网络资源的幽默工具。

网络资源极其丰富，只要我们用心收集，总能找到可以为我们所用的教育素材。其中那些幽默搞笑的内容，更可以成为我们幽默施教的好素材。老师活用了棕熊追赶参赛选手，促使该选手打破世界纪录的搞笑内容，让学生在欢笑中深刻领会到其中的奥秘，进而引导学生不断发挥自身潜能，用行动挑战自我。

第三辑 课堂困境化解

1. 喜欢上音乐课的学生
—— 怎样化解没有学生主动帮忙的尴尬

◇ **背景**

一天，我接到学校通知，要求课间派几名学生到体育馆去将音乐教材搬到教室里。

◇ **过程**

"同学们，现在需要几名同学帮忙到体育馆去搬一些音乐教材回来。哪些同学愿意去？请举手。"待科任老师下课后，我马上走进教室，看着学生问道。

也许是因为体育馆离教室太远，而我们班又在六楼，学生你看我，我看你，第一时间居然没有人举手，现场陷入了尴尬。

"同学们，我们班平时谁喜欢上音乐课？请举手。"见此情景，我话锋一转。

几名学生把手高高地举了起来。

"哦，非常好。请你们马上到体育馆去把你们喜欢的那些音乐教材搬回来，好吗？"我微笑着询问道。

我话音刚落，学生马上明白了是怎么回事，都哈哈大笑起来。那几名学生也开心地跟着一起笑，连声说："好的，好的。"于是他们马上出发，直奔体育馆。

> **幽默工具**
>
> 本案例中，老师运用了引人就范的幽默工具。
>
> 引人就范，以先发制人见长。引人就范的秘诀在于设置语言圈套。语言之所以能成为圈套，是因为一句话往往可以隐含多个目的。引人就范的关键在于诱导对方将注意力集中在某个目的上，使对方产生错觉，然后突然转向另一个目的。
>
> 学生在听到老师问"平时谁喜欢上音乐课"时，心中期待的很可能是与音乐欣赏或演唱等有关的内容；把手举起来后，却发现老师居然要求他们去搬运音乐教材。老师制造的这幽默一幕，让学生颇感意外，随即哈哈大笑，于是乐意接受老师提出的要求。

2. 激动的鸭子
——怎样提醒学生改正错误的行为

◎ **背景**

一个女生在课堂上偷偷玩玩具鸭子，鸭子发出怪声，现场陷入了尴尬。

◎ **过程**

一天，我正在上化学课，突然听到了怪异的声音。我循声望去，原来一个女生的桌面上放着一只橡胶做的玩具鸭子，她刚刚捏了一下，于是鸭子发出了怪声。

学生都听到了那怪声，纷纷看向那个女生，又看向我，等着我处理，气氛顿时尴尬起来。

"哦，想不到我们班同学把鸭子也带过来听锡哥的课啦，更想不到的是，这只鸭子居然很喜欢听我的课，以至于刚才激动得叫了起来，我太感动了！但是这叫声也太独特了，难免会影响其他同学。不如这样吧，请鸭子的主人为它戴上一个口罩，这样还能预防病毒感染，好吗？"我看着那个女生建议道。

听到我如此奇葩的建议，学生哄堂大笑。那个女生也不好意思地跟着一起笑，然后快速把玩具鸭子收起来了。

◎ **幽默工具**

本案例中，老师运用了拟人化及自圆其说的幽默工具。

学生居然在课堂上偷偷玩橡胶鸭子，鸭子还发出了怪声。面对学生违反课堂纪律的问题，很多老师可能会这样处理：没收"作案工具"，然后对学生进行严厉的批评教育。这样做的确会有效果，但是极容易引发学生的逆反心理，甚至会引发师生冲突。案例中，老师另辟蹊径，为学生的错误行为寻找理由——鸭子因为太激动而发出了声音。老师给学生找了一个台阶，让学生在笑声中领会到老师的宽容，对老师的教导心悦诚服，进而主动改正错误。

3. 脸部运动
—— 怎样让课堂快速安静下来

◎ 背景

上课预备铃声响起后，我走进教室准备上课，却发现本该安静的教室比较嘈杂。原来，学生刚刚上完体育课，回到教室后躁动的心无法一下子平静下来。

◎ 过程

"同学们，我们一起来做脸部运动，好吗？"看到学生依然处于兴奋状态，我突然高声提议道。

"好哇！"学生好奇地看着我，纷纷答道。

"现在，请大家把嘴张成 O 形。"我一边大声地发出指令，一边张开嘴巴示范。

学生马上模仿起来，跟着我把嘴张成了 O 形，教室里顿时变得鸦雀无声。

然后，学生好像明白了是怎么回事，都哈哈大笑起来。

"同学们，以后该安静的时候，如果教室里还有人吵闹，我们应该怎么办？"待学生安静下来后，我问大家。

"带领他们做脸部运动，请他们把嘴张成 O 形。"有些学生笑着大声回答。

之后，课前纪律有了明显好转。如果还有学生说话，我就会看着他们说："我们一起来看看，还有谁要做脸部运动。"学生往往会心一笑，马上就能安静下来。

> **幽默工具**
>
> 　　本案例中，老师运用了声东击西的幽默工具。
> 　　上课预备铃声响后，学生却依然不停地说话，很多老师会采取严厉批评的教育方式，这也会收到立竿见影的效果。但是这种教育方式可能会引发学生的逆反心理，导致他们带着抵触情绪听课，让听课质量大打折扣。老师巧妙地采用了声东击西的幽默工具，表面上是"声东"——让学生做脸部运动，实际上却是"击西"——让学生快速安静下来。这种幽默的处理方式，让学生在笑声中领会到老师的良苦用心，从而更愿意接受老师的引导，教育效果显著。

4. 强哥光临
——怎样化解课堂上突如其来的尴尬

◇ **背景**

化学课上,我让学生观看一个我从网上找到的实验视频。

◇ **过程**

在实验视频播放完后,屏幕上突然出现一个网络游戏的广告画面,画面上还出现了"魔都许文强"的字眼。

看到这突如其来的一幕,部分男生趁机惊叫起来,现场顿时陷入了尴尬。

"同学们,记得我曾经听过一首歌,歌名叫《天上掉下个林妹妹》。那时,我就想,我何时才能见到这个林妹妹呀?想不到,林妹妹还没有掉下来,许文强倒是先掉下来了!"我看着学生,装作无奈的样子顺势调侃道。

学生哈哈大笑起来,尴尬立马被化解了。

"既然强哥来了,那我们就跟他打个招呼吧。嗨,强哥您好,欢迎光临。不过,您现在一定很忙,那请回吧,拜拜。"待学生安静下来后,我边说边把该视频关掉了。

学生看着我的反应,又纷纷笑起来。顿时,教室里洋溢着欢乐的气氛。

笑声过后,学生精神抖擞地投入课堂中。

幽默工具

本案例中，老师运用了活用歌名的幽默工具。

面对视频里突然出现的网络游戏广告，老师保持冷静，活用歌名《天上掉下个林妹妹》，先把林妹妹替换为广告里的许文强，然后顺势把"强哥"请回去。这种幽默的处理方式既引得学生哈哈大笑，化解了尴尬，又让学生感受到老师的智慧及可爱，拉近了师生之间的心理距离，让师生关系更加融洽和谐。

5. 老师的"名言"
　　——怎样应对学生的调侃

◈ 背景

上课铃声响起,我走进教室,准备上课。

◈ 过程

"让我们马不停蹄,继续学习新内容。让我们马不停蹄,继续学习新内容。"我站在讲台上正准备上课,突然听到有个男生笑着叫嚷起来。哦,这不是我的口头禅吗?

我看着那个男生,笑而不语。

此时旁边一个女生却认为这个男生这样的举动是对老师的大不敬,只见她很生气地呵斥这个男生:"不要说了,快闭嘴!"其他学生见此情景,都有点儿惊愕,纷纷看向他们。教室里一下子安静下来,气氛有点儿尴尬。

"同学们,今天我站在这里,非常感动。"我大声说道。

老师非常感动?听到我这样说,学生都好奇地看着我。

"因为我刚刚听到有位同学在喊'让我们马不停蹄,继续学习新内容'。真的想不到,我的那句口头禅居然成为流传于江湖的名言了,而且那么受欢迎,以至于刚才那位同学在见到我后,就情不自禁地喊了起来。如此看来,我已经成为名人了,难道我还不开心、感动吗?"我认真地解释道。

听到我如此合情合理的解释,学生哈哈大笑起来,那个男生和那个女生也跟着开心地笑起来。

> **幽默工具**
>
> 　　本案例中，老师运用了自圆其说的幽默工具。
>
> 　　上课前，有个学生调侃老师，旁边的学生看不下去，对他进行呵斥。面对这种尴尬的局面，老师没有运用常规方式进行处理，而是顺势而为，努力对学生的调侃进行合理解释，把它解释为对老师"名言"的肯定。这种做法巧妙地化解了尴尬，让学生在愉快的氛围中感受到老师的幽默风趣及宽容大度，瞬间拉近了师生之间的心理距离。

6. 世纪难题
——怎样破解"假期后遗症"

◆ **背景**

国庆假期后的第一节课,虽然上课铃声已经响起,但是学生依然显得无精打采。

◆ **过程**

"同学们,这个国庆假期你们过得开心吗?"我突然问学生。

"不开心,作业太多了。"有个学生笑着小声抱怨。

"你们过得不开心,我过得也不好哇,我还天天失眠呢!"我看着学生,开始诉起苦来。

老师天天失眠?学生都惊讶地看着我。

"你们还记得放假前的最后一节课吗?那节课我们评讲一份试卷,结果还有两道题没有评讲就下课了,接着你们就放假回家了。回到家后,我一直在思考:接下来,我应该怎样处理那两道还没有评讲的题目呢?我思前想后不知道应该怎么办,于是就失眠啦。"我装作很焦虑的样子解释道。

"老师,您怎么那么糊涂呢?现在接着评讲就行啦。"学生马上明白了我的意思,笑着回应道。

"哦,你们的提醒让我茅塞顿开呀!你们真的太聪明了,居然为我解决了这个世纪难题。谢谢你们!好的,现在请大家拿出试卷,我们继续评讲吧。"我向学生竖起大拇指,表扬道。

学生哈哈大笑，然后精神抖擞地投入课堂中。

> **幽默工具**
>
> 本案例中，老师运用了贬己抬人的幽默工具。
>
> 为了破解学生的"假期后遗症"，老师先"贬低"自己，向学生诉苦——因为不知道怎样处理还没有评讲的题目而焦虑、失眠，在得到学生的回应后，抬高学生——"你们真的太聪明了，居然为我解决了这个世纪难题"。老师通过这种幽默的方式，让学生精神抖擞地投入课堂中。

7. 同是天涯漏网鱼
——怎样处理学生违纪的问题

◈ 背景

"请同学们把练习册翻到第 16 页,让课代表检查。"上课后,我们马上检查作业。按照惯例,被检查到没有完成作业的学生需要站起来听课 5 分钟。我们把这项检查戏称为"寻找漏网之鱼"行动。

很快,检查完成,男生小凡和小楚站了起来。

只见他们互相看了看,然后互相取笑起来。其他同学被他们的举动吸引,都好奇地看向他们。

◈ 过程

"小凡和小楚,你们应该互相督促、互相鼓励才对呀!你们'同是天涯漏网鱼,相逢何必互取笑'呢?"我以调侃的语气批评小凡和小楚。

听到老师如此独特的批评,学生都笑了起来。小凡和小楚也不好意思地跟着笑起来,然后都站得端端正正,认真地听起课来。

幽默工具

本案例中,老师运用了活用诗词的幽默工具。

课堂上,没有完成作业的学生互相取笑,既影响了自己听课,也影响了别人听课。面对此情景,一些老师可能会严厉地批评学生。这是常规做法,无可厚非。但是,如果老师能根据学生犯错的具体情况,以幽默的方式对学生进行批评教育,那么学生会更加心服口服。

案例中，老师将古诗"同是天涯沦落人，相逢何必曾相识"活用为"同是天涯漏网鱼，相逢何必互取笑"，对学生的犯错行为进行了诙谐幽默的批评，让学生在笑声中接受老师的批评教育，让课堂上出现的突发问题于谈笑间得到巧妙处理。

8. 有毒的计算公式
——怎样提问犯困的学生

◇ 背景

化学课上，我们在学习如何计算气体摩尔体积［在标准状况下，气体物质的量（摩尔）=气体的体积（升）÷22.4（升/摩尔）］。我一边讲课一边环顾四周，发现小泽正趴在桌面上昏睡。因为是早上第一节课，总会有部分学生犯困。见此情景，我决定活跃一下课堂气氛。

◇ 过程

"现在，请小泽同学来回答一个问题，好吗？"我看着小泽，微笑着邀请道。

小泽一惊，猛地站了起来。

"请问，在标准状况下，2.24升水的物质的量是多少？"

"0.1摩尔。"小泽不假思索地回答。

"请问，你是用哪个公式算出来的？"我追问道。

"用2.24升除以22.4升/摩尔。"小泽自信满满地解释道。

"恭喜你，你中招了。"我微笑着调侃道，小泽则不好意思地笑起来。

"但是我不怪你，因为这个计算公式有毒哇！利用该公式必须同时符合在标准状况下以及要计算的物质是气体这两个条件。在标准状况下，水不是气体，所以，不可用该公式计算2.24升水的物质的量。刚才你是被这个有毒的公式毒到啦，听了我的解释后，你的毒解了吗？"我说道。

"谢谢老师的救命之恩，我的毒解了。"小泽笑着回答。

其他学生跟着哈哈大笑起来，课堂气氛瞬间活跃起来了。

在接下来的学习中，每当有学生一不小心错用该计算公式时，就会有学生调侃道："哦，他中了那个有毒的公式的毒啦。"顿时，教室里笑声一片。这样的小插曲既提醒了学生，又活跃了课堂气氛。

幽默工具

本案例中，老师运用了夸张的幽默工具。

面对学生犯困、课堂气氛沉闷的问题，老师巧妙地根据具体的课堂学习内容提问。学生错用公式后，老师顺势夸张地调侃该化学公式有毒，学生"中毒"了。老师夸张的表达引得学生哈哈大笑，既加深了学生对所学知识的理解，又活跃了课堂气氛。

其他学科的老师也可以根据本学科的具体内容，在课堂上提问那些犯困的学生，让他们回答一些很容易出错的问题。学生回答错误后，再调侃学生"中毒"了，从而达到活跃课堂气氛以及让学生深刻理解所学知识的效果。

9. 在自修课上吃橘子的学生
—— 怎样应对学生在课堂上偷吃东西

◎ 背景

自修课上，学生正在埋头复习，我则坐在讲台上看书。

◎ 过程

"小文，你为什么要在自修课上吃橘子呢？"期中考试前的一节自修课上，我坐在讲台上看书，忽然听到教室里有动静。环顾四周，我发现小文（一名活泼外向的男生）正拿着一片橘子津津有味地品尝着。于是，我看着小文，不假思索地轻声提醒道。

话音刚落，我立即意识到这样处理不妥。我应该悄悄地走到他身边，用动作示意他停下来。但是话已出口，无法收回，我只能有点儿尴尬地看着小文，等待他的回应，其他学生也齐刷刷地看向他。

"因为我的香蕉已经吃完了。"只见小文收起了橘子，笑着说道。

听见小文如此"大逆不道"的调侃，其他学生禁不住笑了起来，现场顿时陷入了尴尬。

"哦，小文同学，你是因为没有到学校食堂吃早餐，饿得受不了，才吃水果的吧？你吃完了香蕉还不够，只得继续偷偷吃橘子，真的难为你啦！以后请你务必按时到食堂吃早餐。最近食堂老板向我诉苦，说总有学生不吃早餐，导致食堂的早餐卖不完，成本都收不回去，他快要破产了。你就可怜可怜他老人家，以后按时吃早餐，不要再偷偷在教室里吃水果了，好吗？"我看着小文，微笑着调侃道。

"好啊！"小文非常识趣地笑着回答。

听到我和小文的互动，其他学生开心地笑了起来。

笑声过后，大家快速安静下来，继续认真投入复习备考中。

课后，我私下找到小文，告诉他，在特殊情况下，可以在教室里吃东西，但是必须在课间休息时吃。小文向我保证以后一定遵守课堂纪律。

幽默工具

本案例中，老师运用了以调侃应对调侃的幽默工具。

自修课上，学生偷偷吃东西，老师直接点名提醒学生，学生则以"无礼"的调侃进行回应。一般情况下，出于师道尊严，老师会对学生进行严厉的批评教育。这种方式很容易引发学生的叛逆情绪。案例中，老师以调侃应对学生的调侃。学生调侃说，因为香蕉吃完了，所以才吃橘子；老师则以调侃回应，请求学生可怜可怜食堂老板，以后按时到食堂吃早餐。如此幽默的处理方式，既巧妙地化解了尴尬，又让学生领会到老师的宽容大度，进而对老师的教育引导更加心悦诚服。

10. 消灭拦路虎
——怎样巧妙提醒值日生准时擦黑板

◈ 背景

一天,我到教室里上课,当我从讲台上拿起粉笔准备板书时,蓦然发现,上一节课的板书还留在黑板上,细细一看,全是密密麻麻的数学公式。原来值日生忘记擦黑板了。我看着学生,学生也看着我,现场陷入了尴尬。

◈ 过程

"同学们,大家觉得数学难吗?"我突然大声问道。

化学老师竟然关心起学生的数学来啦?学生的脸上都露出了惊讶的表情,然后齐声笑着回答:"难!"

"似乎这些烦琐的数学公式就是你们前进路上的拦路虎哇。请今天的值日生迅速上来,为大家把拦路虎消灭掉,好吗?"我指着黑板上的数学板书调侃道。

学生一下子就明白了我的意图,马上把目光聚焦到值日生身上。

只见值日生立刻站了起来,快步走上讲台,认真地擦起黑板来。很快,黑板就被擦得干干净净。

"非常感谢我们的值日生!他为大家消灭了数学学习道路上的拦路虎,请大家以热烈的掌声对他表示感谢。"我带头鼓掌。

学生都笑了起来,然后跟着我鼓掌。值日生则不好意思地跟着大家一起笑着鼓掌。

幽默工具

本案例中，老师运用了反话正说的幽默工具。

由于值日生没有认真履行擦黑板的职责，老师准备板书时发现满黑板都是数学公式。面对这样的尴尬局面，老师没有直接批评值日生，而是采取反弹琵琶的方式，幽默地指出黑板上的那些数学公式是学生数学学习道路上的拦路虎，然后顺势邀请值日生上来为大家消灭拦路虎，之后大张旗鼓地"表扬"值日生。老师运用反话正说的方式引得学生大笑起来，巧妙地化解了尴尬。

11. 穿短裤的班主任
——怎样应对学生的议论

◇ **背景**

一天晚上，我骑摩托车时因为路滑在转弯处摔了一跤，摔破了膝盖。第二天，为保护已经结痂的膝盖，我只好穿短裤上班。在校园里，我穿着长袖上衣配短裤，成了一道"亮丽"的风景线。

◇ **过程**

当我走进教室时，学生都投来惊异的目光，个别学生还偷偷地笑起来并小声议论着，课堂气氛顿时尴尬起来。

"同学们，明天我们要参加学校运动会的开幕式。我们班准备的入场服装是短裤，但是有些同学担心穿短裤会冷。为了检验一下穿短裤的感觉，今天早上我专门穿了短裤过来。结果呢，我感觉还是挺舒适的，不怎么冷。同时，为了让自己今天穿短裤有充分的理由，昨天晚上我专门摔了一跤，而且保证摔伤的位置就是膝盖。大家看，我穿短裤的样子帅吗？"面对此情景，我灵机一动，看着学生，一边说一边展示自己的短裤。

学生会心地哈哈大笑起来。我用幽默瞬间化解了尴尬。

幽默工具

本案例中，老师运用了自圆其说的幽默工具。

面对因穿短裤进教室而被学生议论的尴尬局面，老师没有直接向学生解释原因，而是另辟蹊径，根据即将举行的运动会开幕式，为自己穿短裤的行为进行了自圆其说的解释，在化解尴尬的同时，让学生在笑声中深刻感受到老师的风趣幽默、和蔼可亲。

12. 110 和 120
——怎样巧妙解决学生在课堂上打瞌睡的问题

◇ 背景

早上第一节课，我来到教室里准备上课，却发现不少学生没有精神。上课后，我发现坐在教室后面的两位男生居然趴在桌面上。

◇ 过程

"同学们，请大家看看周围同学的情况。如果发现有谁一动不动地趴在桌面上，请马上拍拍他的肩膀。"课堂上，我突然停下来提醒学生。

学生感到很惊讶，然后向四周打量着。

"同学们，请注意，你在拍了趴在桌面上的同学后，请马上告诉我，我要立即拨打 110 和 120。"我继续认真地说道。

"拨打 110 和 120？"有学生小声惊叫起来。

学生一头雾水，睁大眼睛疑惑地看着我。

"是的，因为趴在桌面上的同学可能身体非常脆弱，你拍拍他的肩膀，他就可能受重伤了，你就变成了打人者。打 110 报警电话是为了让你'自首'哇，而打 120 急救电话则是为了让受重伤者及时得到救治。"我缓缓地解释道。

听见我如此夸张的话语，学生一下子就明白过来了，然后哈哈大笑起来。

那两位打瞌睡的男生在同学们的提醒下，已经端端正正地坐好了，他们不好意思地跟着大家一起笑。

于是，学生在课堂上打瞌睡的问题就巧妙地得到了解决。

> **幽默工具**
>
> 　　本案例中，老师运用了夸张的幽默工具。
> 　　上课后，居然还有学生趴在桌面上睡觉？一些老师也许会这样处理：直接点名让学生站起来，然后对他进行批评教育。这样处理应该是有效果的，但是很容易引发学生的叛逆情绪，导致师生关系恶化。案例中，老师让学生拍拍打瞌睡同学的肩膀，然后说要打110和120。这种夸张的方式，巧妙地化解了学生在课堂上打瞌睡的尴尬，学生在笑声中更乐意接受老师的提醒。

13. 歌声的呼唤
——怎样让学生精神焕发

◇ 背景

临近期末考试，也许是因为学习压力更大了，也许是因为复习太累了，课堂上总有不少学生显得疲惫不堪。早上第一节课，学生的精神状态十分不理想。我正在眉飞色舞地带领学生复习，突然瞥见坐在教室后面的几个男生正在打瞌睡。

◇ 过程

正在讲解的我马上停下来，关切地说道："我突然想唱几句歌给那些正在犯困的同学听听。虽然他们很困很累，虽然他们正在打瞌睡，但是他们依然在坚持，他们也太难了。"

老师要唱歌？学生都屏住呼吸，齐刷刷地看向我。

"轻轻敲醒沉睡的心灵，慢慢张开你的眼睛。快快跟上大家的步伐，一起快乐地学习化学。"我哼唱起来。

学生一听歌词，马上领会到了我的意图，都纷纷看向周围，寻找正在打瞌睡的人，然后开心地大笑起来。那几个男生也跟着大家一起笑，随即坐得端端正正。

在接下来的课堂上，学生变得精神抖擞、学习热情高涨。

【幽默工具】

本案例中，老师运用了活用歌词的幽默工具。

课堂上有学生打瞌睡，老师没有采取简单粗暴的方式批评教育，而是突发奇想，巧妙地根据当时学生的情况活用《明天会更好》的歌词，通过学生意想不到的方式提醒学生，不但化解了课堂困局，还瞬间激活了课堂。

14. 过敏
——怎样化解老师打喷嚏的尴尬

◈ 背景

化学课上,我让学生默写。

◈ 过程

"同学们,现在请拿出默写本,默写铵根的检验方法。请晓慧同学上来在黑板上默写。"上课后,我们马上进行课堂默写。

晓慧快步走上讲台,拿起粉笔书写起来,其他学生也开始低头默写。

很快,大家就完成了默写。

我看向黑板,认真端详着晓慧的默写内容——书写工整,内容正确,完美。

"啊——嚏!"当我转向大家,正准备表扬晓慧时,我突然忍不住打了一个大喷嚏。

部分学生小声笑了起来,现场顿时陷入了尴尬。

"同学们,真的不好意思啊,我对那些完美的粉笔字过敏,一过敏就打喷嚏。晓慧的板书真的太好了,所以我过敏了。"我看着学生装作无可奈何的样子缓缓解释道。

听见锡哥如此"精辟"的解释,学生一边鼓掌一边哈哈大笑起来,晓慧也开心地笑起来,尴尬瞬间被化解了。

笑声过后,学生又神采奕奕地投入课堂中。

> **幽默工具**
>
> 本案例中，老师运用了自圆其说的幽默工具。
>
> 课堂上，老师突然打了一个大喷嚏，引得学生发笑。如果老师对学生进行批评，学生就只能默默接受，但是这不利于构建和谐的师生关系。如果老师装作若无其事，一般来说学生会"见好就收"，同时，他们会对老师的克制及宽容大度肃然起敬。案例中，老师另辟蹊径，根据当时的情景自圆其说，寻找理由——因为对完美的粉笔字过敏而打喷嚏。这种幽默应对的方式既巧妙化解了尴尬，又在愉快的氛围中拉近了师生之间的心理距离，还让学生感受到了老师的智慧、包容及乐观，进而更加敬重及喜爱老师。

15. 流星雨
—— 怎样处理学生插嘴的问题

◆ **背景**

化学课上,我正在讲解教学内容。

◆ **过程**

"请问常见的酸雨有哪些?"我问学生。

"有硫酸雨和硝酸雨。"学生纷纷回应。

"还有流星雨。"突然,一个男生大声插嘴调侃道。

教室里顿时变得鸦雀无声,其他学生纷纷看向那个男生,课堂气氛瞬间尴尬起来。

"流星雨?有流星雨也挺好哇,但谨记见到流星雨的时候一定要许个愿哟。许什么愿好呢?"我看着那个男生以调侃的语气回应。

学生齐刷刷地看向我。

"那就许愿让硫酸雨和硝酸雨不再出现在地球上,好吗?"我继续调侃道。

"好!"学生笑着齐声回答,那个男生也跟着一起笑。

尴尬被化解了,课堂继续。

> **幽默工具**
>
> 本案例中,老师运用了借力打力的幽默工具。
>
> 老师没有因为学生的"搅局"而恼羞成怒,而是巧妙地借力,顺

着学生所说的流星雨，以调侃回应学生的调侃，引导学生许一个没有硫酸雨和硝酸雨的愿望，既以幽默的方式化解了尴尬，又把学生快速拉回到课堂上来。

16. 从女神节到"李嘉节"
——怎样活跃课堂气氛

◆ **背景**

化学课上，我正在评讲习题。

◆ **过程**

"同学们，第一题谁来回答？请举手。"我问道。

或者是因为春困，又或者是因为上的是早上第一节课，教室里一片沉默，没有一个学生举手，气氛显得有点儿尴尬。

"同学们，前天是3月8日，是什么节呀？"为了活跃课堂气氛，我问道。

"女神节。"有个学生笑着回答。

"对，女神节！现在有请我们班的女神代表小芳同学来回答第一题。"我看着小芳，伸出手邀请道。

其他学生都小声笑了起来，小芳微笑着站起来回答了问题。

"同学们，昨天是3月9日，又是什么节呀？"我继续问道。

"男神节！"有个男生笑着回答。

"对，应该是男神节，跟在女神后面的肯定是男神啦！有请我们班的男神代表小锋同学来回答第二题。"我微笑着邀请小锋。

小锋笑着站起来回答了第二题。

"同学们，今天是3月10日，又是什么节呢？"待小锋坐下来后，我再次问道。

"教师节！"有个学生笑着调侃起来。

"噢，非也，非也！教师节是9月10日。今天应该是——'李嘉节（杰）'呀，现在有请李嘉杰同学来回答最后一题。"我看向李嘉杰，伸出手邀请道。

学生一下子就明白了是怎么回事，都哈哈大笑起来。

李嘉杰同学也跟着大家一起笑，然后站起来回答问题。

三次提问过后，学生的春困终于被赶走了，学生又活力满满地投入学习中。

幽默工具

本案例中，老师运用了相关联及谐音的幽默工具。

为了活跃课堂气氛，化解尴尬，老师巧妙地把节日和提问关联起来，让课堂提问瞬间变得有趣。然后，老师利用谐音，把学生的名字与节日关联起来，这二者看起来风马牛不相及，关联起来又好像合情合理。这种幽默的处理方式让课堂立即活跃起来。

17. 1200 年的等待
——怎样改变学生精神涣散的状态

◇ **背景**

一天上午,学生在楼下体检,我一个人在空空如也的教室里等待学生做完体检后回来上课。20 分钟后,学生终于全部回来了。但学生坐下后却显得精神涣散,教室里还有点儿嘈杂。

◇ **过程**

"同学们,你们可知道,我已经在这里等了 1200 年!"我看着学生,突然大声感叹道。

1200 年?学生满脸惊讶,好奇地看着我。

"我一直在这里等着你们回来上课,但是一直看不到你们的身影,真的太 emo(网络流行语,意为'伤感')了。别人是度日如年,我则是度秒如年哪!我已经等了 20 分钟,20 分钟就是 1200 秒。所以说,我足足等了 1200 年啦!"我以调侃的语气认真地解释道。

听见这突如其来的网络流行语以及如此夸张的表达,学生纷纷哈哈大笑起来。

"现在让我们集中精神,马上开启我们的学习之旅,好吗?"

"好!"学生齐声回答,然后迅速精神饱满地投入课堂中。

幽默工具

本案例中,老师运用了活用网络流行语及夸张的幽默工具。

学生精神涣散、注意力不集中，老师没有恼羞成怒，而是以理解、宽容的心态去对待。老师结合当时的具体情景，先巧妙地活用网络流行语"emo"表达自己的心情，然后以夸张的语言"足足等了1200年"引得学生哈哈大笑，让学生在笑声中领会到老师的意图，进而快速调整学习状态，以良好的精神面貌投入课堂中。

18. 流浪锡哥
——怎样化解去教室走过了头的尴尬

◇ **背景**

早上第一节课预备铃声响起后,我快速走向位于六楼的教室,准备上课。

◇ **过程**

我急匆匆地上楼梯,终于上到了六楼,然后快速奔向教室,一不留神,竟然走过头了。

班上的学生看到我经过教室门口却一闪而过,连忙大声朝我喊道:"老师,我们在这里呀!"

听到学生的喊声,我才如梦初醒,立刻停下脚步,折返回教室。学生都笑眯眯地看着我,气氛有点儿尴尬。

"同学们,之前有部电影《流浪地球》挺火的,想不到今天却上演了《流浪锡哥》。好在有你们的提醒,不然的话,你们的'流浪锡哥'还真的不知道会'流浪'到哪里呢!谢谢你们的救命之恩。"我看着学生微笑着道谢。

"流浪锡哥"?学生马上哈哈大笑起来,教室里荡漾着快乐的气氛,尴尬被化解了。笑声过后,学生精神抖擞地投入课堂中。

幽默工具

本案例中,老师运用了自嘲及活用电影的幽默工具。

为了化解尴尬，老师巧妙地活用电影《流浪地球》的名字，把自己称为"流浪锡哥"，利用幽默搞笑的调侃引得学生大笑。这种处理方式在化解尴尬的同时，让学生看到了老师的亲切可爱，拉近了师生之间的心理距离。

19. 你要永远相信光
——怎样加深学生对知识点的理解

◇ **背景**

在学习甲烷和氯气的取代反应时，不少学生在默写的时候，把反应条件"光"错写成"加热"了。那天是早上第一节课，不少学生昏昏欲睡。

◇ **过程**

"同学们，甲烷和氯气在黑暗的地方是很难发生反应的，大家知道为什么吗？"我问学生。

"因为能量不够。"有个学生快速回答。

"那怎样才能获得能量呢？需要专门加热吗？不需要。大家看过《迪迦奥特曼》吗？"我问道。

"看过。"学生纷纷笑着回答，都疑惑地看着我，急切地想知道我的葫芦里装的究竟是什么药。

"在《迪迦奥特曼》中，最后所有人都变成了什么才击败怪兽的？是光啊。你要永远相信光。所以，甲烷和氯气发生反应的条件就是'光'啊！"我微笑着解释道。

听到我如此奇葩却似乎合情合理的解释，学生都哈哈大笑起来。

笑声过后，学生精神焕发，积极地投入课堂中。

> 幽默工具
>
> 案例中，老师运用了相关联的幽默工具。
>
> 如何让课堂教学变得更高效？如果老师能结合具体的教学内容，运用相关联的幽默工具，把课堂知识和学生熟悉的事物巧妙地关联起来，往往就会产生奇效。老师把甲烷和氯气发生取代反应的条件"光"和《迪迦奥特曼》的故事情节巧妙地关联起来，既让学生印象深刻，又激活了课堂。

20. 举手
——怎样化解没有学生回答问题的尴尬

◉ **背景**

化学课上,我在评讲试卷。

◉ **过程**

"这道题,已经听明白的同学请举手。"那是一个春天的上午,我在评讲完一道颇有难度的题目后环顾四周,发现不少学生眼中一片茫然,没有学生举手。

难道所有学生都听不明白?我感到疑惑。为了弄清楚事情的真相,我继续缓缓地说道:"不会做这道题的同学请举手。"

结果让我颇为意外的一幕出现了。学生仿佛听不见我的提问,教室里鸦雀无声,依然没人举手。

现场一下子就陷入了尴尬。

"请还不明白的同学不要举手。"我再次环顾四周,慢慢地大声说道。

请还不明白的同学不要举手?这分明就是一句糊涂话呀,老师是不是犯糊涂啦?我刚说完这句话,学生都蒙了,但是他们马上就明白了我的深意,然后纷纷小声笑了起来。

"很好,虽然大家都笑了,但是没有人举手,这就说明大家对这道题还有不懂的地方。那么,我就再讲一遍,好吗?"待尴尬被化解后,我顺势问道。

"好!"学生齐声响亮地回答。

幽默工具

本案例中，老师运用了故作糊涂的幽默工具。

在教育过程中，我们总会遇到一些意想不到的尴尬场景。此时，若要巧妙地化解尴尬，我们不妨故作糊涂。莎士比亚在其著作《第十二夜》中，借主人公的口说出了这样一句话："因为他很聪明，才能装出糊涂人来。彻底成为糊涂人，要有足够的智慧。"老师在特殊情况下故作糊涂，其实是机智的应变，是大智若愚的表现。

老师要让学生稍加思考就能明白自己故作糊涂背后所隐藏的真实意思，要让学生很容易明白自己演出的"呆傻"是假的，是故意运用它来制造幽默的。否则，学生不仅领会不到老师的真实意思，反而会认为老师是愚蠢的人，这就背离了用幽默来化解尴尬的本意。

案例中，老师为了打破两次提问都无人回应的尴尬而故作糊涂，根据学生的具体表现，问了学生一个看似"糊涂"却"合情合理"的问题，以此引学生发笑。这种幽默的处理方式巧妙地化解了尴尬，还顺势激活了课堂。

21 乙烯的"哥哥"
——怎样缓解学生的春困

◇ **背景**

"同学们,在有机物大家族中,除了乙烯,还有其他烯烃吗?"课堂上,我问学生。教室里一片寂静,还有几个学生昏昏欲睡。春天来了,学生容易犯困,早上第一节课情况更甚。

◇ **过程**

"在烯烃大家族中,乙烯的'哥哥'有丙烯、丁烯、戊烯等,当然,还有一个,那就是站在你们面前的——陈锡(烯)。"为了调动大家的情绪,我微笑着自我调侃道。

学生一愣,然后马上明白了是怎么回事,都哈哈大笑起来。

笑声过后,学生个个精神抖擞,精彩课堂继续。

幽默工具

本案例中,老师运用了谐音的幽默工具。

早上第一节课学生犯春困实属正常,老师切不可动辄责骂学生,而是应该想办法帮助他们。例如,建议犯困的学生站一会儿,或者建议他们到洗手间洗把脸,还可以根据课堂内容适当地幽默一下。老师巧妙地利用谐音,说自己是乙烯的"哥哥"。这完全出乎学生的意料,又让学生觉得"合情合理",巧妙地缓解了学生的春困。

22. 突然掉下来的柜门
——怎样应对课堂上发生的意外

◇ **背景**

我正在讲课,突然课堂上出现了一个意外。

◇ **过程**

"同学们,烃分子失去一个氢原子后剩余的部分叫烃基。例如,甲烷失去一个氢原子后剩余的部分叫甲基,乙烷失去一个氢原子后剩余的部分叫乙基。"化学课上,我带领学生学习新课。

突然,从我的脚附近传来砰的一声巨响。学生露出惊愕的表情,面面相觑。我则受到"惊吓",差点儿跳了起来。我仔细一看,原来是讲台的一个柜门的锁突然坏掉了,导致柜门重重地摔落到地面上。

现场顿时陷入了尴尬。

"好在柜门没有砸到我的脚上,否则我可能会失去一只脚。丙烷失去一个氢原子后就变成了丙基,我陈锡若失去一只脚,岂不变成了陈基?"为了打破尴尬的气氛,我看着那个柜门顺势自我调侃道。

学生听后都哈哈大笑起来,尴尬被化解了,之前凝重的课堂气氛变得轻松起来,课堂又活跃起来了。

[幽默工具]

本案例中,老师运用了相关联及自嘲的幽默工具。

面对柜门突然摔到地面发出巨响的尴尬一幕,老师巧妙地把这一意外事件和学生正在学习的内容关联起来,通过自嘲的方式——"我陈锡若失去一只脚,岂不变成了陈基",引得学生大笑。这样幽默的处理方式巧妙地化解了尴尬,并活跃了课堂气氛。

23. 大海，我们的故乡
—— 怎样化解学生上课精神不振的困局

◇ **背景**

课堂上，学生精神不振。

◇ **过程**

"同学们，现在请把课本翻到第 100 页，回到我们共同的故乡看看。"课堂上，又有部分学生开始打瞌睡，见此情景，我决定不按常理出牌，调侃道。

课本第 100 页居然是我们的故乡？学生一头雾水，都睁大眼睛好奇地盯着我。

"第 100 页讲述的是大海资源的开发利用问题。大海，就是我们的故乡啊！"

听到我这样解释，学生你看我，我看你。

"不是有一首歌是这样唱的吗？'小时候妈妈对我讲，大海就是我故乡。'"说完我饱含深情地哼唱起来。

这突如其来的歌声让学生马上明白了是怎么回事。瞬间，教室里掌声雷动，笑声四起。

幽默工具

本案例中，老师运用了突然哼唱及相关联的幽默工具。

一般来说，学生上课精神不振是比较普遍的现象。产生这种现象的原因有很多，例如熬夜、学业繁重、觉得上课无聊、春困、身体不适等。如何解决这个问题？方案有许多，我认为应该秉持这样的处理原则：以生为本，多理解学生的难处。其中，幽默化解不失为一种效果比较理想的选择。

案例中，老师巧妙地将所学内容和歌曲关联起来，然后突然哼唱歌曲，引得学生大笑，学生精神不振的困局被化解了。有老师也许会有顾虑：我五音不全怎么办？如果老师能在学生面前放开自己，就算唱得不好也没有问题，甚至跑调效果会更好。

24. 谢谢你的爱
——学生调侃老师，大声说"我爱您"，如何应对

⊙ 背景

国庆假期后的第一堂化学课上，学生调侃老师。

⊙ 过程

"同学们，好久不见，甚是想念。你们国庆假期过得愉快吗？"上课后，为了活跃课堂气氛，我对大家说道。

"假期太闷了，我们都很想念您哪！"有个学生笑着回应。

"老师，我爱您！"这时，一位十分活泼开朗的女生突然大声调侃起来。

面对这突如其来的一幕，有几位学生居然哄笑起来，气氛显得有点儿尴尬。

"哦，谢谢你的爱，你的爱也代表了全班同学的爱！谢谢大家对我的爱，我也爱你们。我爱你们勤奋学习的身影，我爱你们响亮的读书声，我爱你们乐于助人的美好品格，我爱你们坚持不懈的精神。同学们，让我们一起用爱的力量继续努力前行，好吗？"我看着大家，缓缓地、饱含深情地大声说道。

"好！"学生齐声欢呼，紧接着教室里响起了雷鸣般的掌声。

> **幽默工具**
>
> 本案例中，老师运用了自圆其说及活用歌词的幽默工具。

学生居然在教室里当着大家的面调侃老师，大声说"我爱您"。面对这尴尬的一幕，老师对学生的行为进行了合理的解释，巧妙地把该学生对老师的爱解释为全班学生对老师的爱。接着，老师活用《我爱你，中国》的歌词，幽默地对学生说出自己对他们的爱。老师在化解尴尬的同时，也表达了自己对全体学生的热切期盼。

25. 魔镜
——学生不停地照镜子，如何应对

◇ 背景

课堂上，我注意到小唐的动作有点儿异样，原来他正低着头偷偷地照镜子。我决定先不理会他，继续讲课。但是过了一会儿，我发现小唐依然在照镜子，看来我该出手了。

◇ 过程

"同学们，我想问大家一个问题：上课期间不停地照镜子，合适吗？"我突然停下来，问大家。

"不合适。"学生疑惑地看着我，然后纷纷答道。

"是的，不合适。但是刚才我们班有个男生在照镜子。我只想对这个男生说，不要再照镜子了，你已经够帅了。一般人照一下就收起来了，你怎么照个不停呢？现在，这面镜子不但影响了你学习，还影响了为师上课，已经造成了恶劣的影响。我高度怀疑它是一面魔镜啊！请快快把它收起来，否则锡哥就要过去斩妖除魔啦！"

听到我如此夸张的表达，学生一下子就明白了是怎么回事，都笑了起来，同时纷纷看向四周。小唐早已把镜子收了起来，他低着头，不好意思地跟着大家一起笑。

笑声过后，学生快速安静下来，课堂继续。

> **幽默工具**
>
> 本案例中，老师运用了夸张的幽默工具。
>
> 学生违反课堂纪律偷偷照镜子，老师没有直接对学生进行严厉的批评教育，而是把学生的镜子夸张地称为"魔镜"，提醒学生马上把"魔镜"收起来，否则就要"斩妖除魔"。这样幽默风趣的表达让学生更乐意接受老师的教育引导。

26. "鼓励"学生一心二用
——学生在课堂上偷偷做其他学科的作业，如何应对

◎ 背景

一天上午最后一节课是化学课，正在讲课的我突然发现一个女生居然在偷偷地写语文作业。我边讲课边看向那个女生，她马上把语文作业放到一边，然后认真听课。之后，我不时留意那个女生的听课状态，她明显感受到了我的"重点关注"。结果，整节课下来，那个女生都表现得中规中矩。

一下课语文课代表马上奔向讲台，大声说道："请还没有完成语文作业的同学留下来，完成后才能离开。"那一刻，我恍然大悟。

◎ 过程

第二天，上课铃声响后，我缓缓地说道："请大家把化学书打开，同时把还没有完成的其他学科的作业也拿出来。接下来我们一边上化学课，一边做其他学科的作业。"

听到我的话，学生都睁大眼睛惊讶地看着我。

"同学们，正所谓'一寸光阴一寸金，寸金难买寸光阴'！为了不浪费时间，现在我们一边上课一边做那些还没有完成的作业。一心二用既可以让我们把时间利用起来，又可以保证放学后我们不会因为没有完成作业而被留堂啊！这样一心二用不是挺好吗？"

听到我的解释，学生马上明白了是怎么回事，都小声笑了起来。昨天在化学课堂上做语文作业的那个女生则不好意思地低着头，尴尬地跟

着大家一起笑。

"大家觉得这样一心二用好吗？"待学生笑过后，我郑重地问道。

"不好，我们要一心一用。"学生纷纷回答。

之后，化学课堂上再也没有出现做其他学科作业的不良现象了。

幽默工具

本案例中，老师运用了反话正说的幽默工具。

一般的话语如果照着它的本来意思说出，则毫无新奇之处，没有幽默可言，给人的印象也比较平淡。但如果用与之相反的话语表达出来，就会收到截然不同的效果。反话正说表面上是肯定，实际上是否定，具有言此意彼的语言张力。

一般来说，学生上课时偷偷做其他学科的作业，老师发现后使用"注视"的方式提醒即可。如果要幽默化解，可以使用反话正说的方式。案例中，面对学生在课堂上偷偷做其他学科作业的问题，老师不但没有直接批评学生，反而"鼓励"学生一心二用，以反弹琵琶的方式引学生发笑，让学生在愉快的氛围中接受老师的教育引导。

27. 明星
——学生模仿老师的声音，如何应对

◎ 背景

一天，某班老师请假，我到该班代课。

◎ 过程

"同学们，请大家把课本翻到第 117 页，今天我们一起来学习环境保护与绿社（色）化学。"上课后，我说道。

"绿社化学！"这时，一个男生突然模仿我的声音小声地喊了起来。

原来，我把"色"误说为"社"了，想不到那个男生竟然当众调侃起我的普通话来。其他学生都看着我，现场顿时陷入了尴尬。

"小时候，我喜欢哪位歌星，就会模仿他的声音唱歌，甚至模仿他的错误发音。想不到多年以后的今天，居然有人模仿我的声音。想不到我也成为明星了，谢谢你们的喜欢。大家的学习热情太让我感动了。那么，接下来，就让我们一起来好好学习今天的内容，好吗？"我看着大家缓缓地说道。

"好！"学生纷纷笑着鼓掌，那个男生也跟着大家一起笑着鼓掌。

尴尬被化解了，课堂继续。

幽默工具

本案例中，老师运用了自圆其说及相关联的幽默工具。

面对学生的突然调侃，老师没有恼羞成怒，也没有直接批评教育学生，而是巧妙地把学生的模仿行为和因为喜欢某歌星而模仿其声音唱歌的行为关联起来，并顺势赞扬学生的学习热情。老师以幽默风趣的方式迅速把学生在课堂上的"负面"行为扭转为"正面"的积极行为，不但瞬间化解了尴尬，还拉近了师生之间的心理距离。

28. 悄悄话
——学生回答问题声音太小，如何应对

◎ **背景**

化学课上，我在评讲试卷。

◎ **过程**

"大家对这道题还有疑问吗？有疑问的请举手。"我评讲完一道题目后问学生。

只见小珠（一位性格内向的女生）快速地举起了手。

"请小珠同学说出你的困惑。"我看着小珠说道。

小珠站起来陈述她的问题，但是声音太小了，其他学生都看向她，表示听不清楚。我连忙示意小珠说话声音大点儿，小珠只得复述一次，但声音还是很小。其他学生依然表示听不清楚，现场有点儿尴尬。

我快步走到小珠跟前，让她在我耳边再次复述问题。然后，我走上讲台对大家说："不好意思，小珠同学有点儿害羞，所以声音比较小。谢谢小珠同学视我为男闺密，刚刚她已经通过悄悄话的形式告诉我了。"

此时，小珠看着我莞尔一笑，其他学生也跟着开心地笑起来。

"好，现在我就根据小珠同学的疑惑进行讲解吧。"我也笑起来，说道。

于是，精彩课堂继续。

> 幽默工具
>
> 本案例中,老师运用了自圆其说的幽默工具。
>
> 面对学生在课堂上陈述自己的学习疑惑时,由于声音太小出现尴尬,老师主动走到学生跟前倾听,然后给予恰当的解释:学生因害羞而在公共场合说话声音小,因视老师为闺密而和老师说悄悄话。老师幽默的调侃既为当事学生解了围,化解了现场的尴尬,又瞬间拉近了师生之间的心理距离。

| 附 录 |

书中使用的幽默工具

1. 拟人化

2. 反话正说

3. 因果联想

4. 夸张

5. 借力打力

6. 自嘲

7. 自圆其说

8. 活用（笑话故事、寓言故事、诗词、名篇、网络流行语、网络资源、成语、俗语、电影、名著、歌名、歌曲）

9. 相关联

10. 旁敲侧击间接批评

11. 顺水推舟

12. 自夸

13. 导演情景巧说理

14. 巧设陷阱

15. "指鹿为马"

16. 引人就范

17. 声东击西

18. 贬己抬人
19. 以调侃应对调侃
20. 谐音
21. 故作糊涂
22. 突然哼唱

图书在版编目（CIP）数据

做一个幽默的老师：让学生在欢笑中成长 / 陈锡著.
北京：中国人民大学出版社，2024.10. -- ISBN 978-7-300-33310-6

Ⅰ.G451.2

中国国家版本馆 CIP 数据核字第 2024DV0976 号

做一个幽默的老师：让学生在欢笑中成长

陈　锡　著

Zuo Yige Youmo de Laoshi: Rang Xuesheng Zai Huanxiao Zhong Chengzhang

出版发行	中国人民大学出版社		
社　　址	北京中关村大街 31 号	邮政编码	100080
电　　话	010 - 62511242（总编室）	010 - 62511770（质管部）	
	010 - 82501766（邮购部）	010 - 62514148（门市部）	
	010 - 62515195（发行公司）	010 - 62515275（盗版举报）	
网　　址	http://www.crup.com.cn		
经　　销	新华书店		
印　　刷	北京华宇信诺印刷有限公司		
开　　本	720 mm × 1000 mm　1/16	版　次	2024 年 10 月第 1 版
印　　张	13　插页 1	印　次	2024 年 10 月第 1 次印刷
字　　数	180 000	定　价	68.00 元

版权所有　　侵权必究　　印装差错　　负责调换